書誌レコードの機能要件

IFLA 書誌レコード機能要件研究グループ最終報告
（IFLA 目録部会常任委員会承認）

和中幹雄・古川肇・永田治樹　訳

日本図書館協会
2004

Functional Requirements for Bibliographic Records
Final Report

IFLA Study Group on the Functional Requirements for Bibliographic Records
Approved by the Standing Committee of the IFLA Section on Cataloguing

UBCIM Publications, New Series Vol.19
Edited by Marie-France Plassard

© 1998 by International Federation of Library Associations and Institutions, The Hague, Netherlands
All Rights Strictly Reserved K.G. Saur Verlag GmbH & Co. KG, München 1998
Part of Reed Elsevier

Printed in the Federal Republic of Germany
ISBN 3-598-11382-X

書誌レコードの機能要件 ： IFLA 書誌レコード機能要件研究グループ最終報告 ： IFLA 目録部会常任委員会承認 ／ 和中幹雄 ［ほか］ 訳. － 東京 ： 日本図書館協会, 2004. － 121p ； 30cm. － 原タイトル：Functional requirements for bibliographic records : final report
ISBN 4-8204-0330-3 ： ￥1800

t1. ショシ　レコード　ノ　キノウ　ヨウケン　a1. IFLA　ショシ　レコード　キノウ　ヨウケン　ケンキュウ　グループ　a2. コクサイ　トショカン　レンメイ（国際図書館連盟）　a3. ワナカ, ミキオ
s1. 資料目録法　①014.3

目　次

訳者まえがき　　5

IFLA書誌レコード機能要件研究グループの構成員　　7

第1章　序章 ─────────────────────────── 9
   1.1　背景　　9
   1.2　アプローチ　　11
   1.3　将来の研究領域　　13

第2章　目的、範囲、方法 ──────────────────── 15
   2.1　研究の目的　　15
   2.2　範囲　　15
   2.3　方法　　16
   2.4　研究の構成　　18

第3章　実体 ─────────────────────────── 19
   3.1　概観　　19
   3.2　各種の実体　　23
   3.3　集合的実体と構成的実体　　34

第4章　属性 ─────────────────────────── 36
   4.1　実体の属性　　36
   4.2　著作の属性　　38
   4.3　表現形の属性　　40
   4.4　体現形の属性　　45
   4.5　個別資料の属性　　52
   4.6　個人の属性　　54
   4.7　団体の属性　　55
   4.8　概念の属性　　56
   4.9　物の属性　　57
   4.10　出来事の属性　　57
   4.11　場所の属性　　58

第5章　関連 ——————————————————————— 59
5.1　本モデルにおける書誌的関連　59
5.2　ハイレベル図で描いた関連　60
5.3　第1グループ実体間のその他の関連　65

第6章　利用者タスク ——————————————————— 81
6.1　属性および関連の利用者タスクへのマッピング　81
6.2　利用者タスクに関連する重要度のアセスメント　81

第7章　全国書誌レコードの基本要件 ———————————— 90
7.1　基本レベルの機能　90
7.2　基本的なデータ要件　91
7.3　基本レベルの全国書誌レコード　101

付録A
ISBD、GAREおよびGSAREのデータ要素の論理的属性へのマッピング ——— 105

索引 ————————————————————————— 116

訳者まえがき

　本書は、1992年に発足した国際図書館連盟（IFLA）の書誌レコード機能要件研究グループが、1997年9月にIFLA目録部会常任委員会に提出して承認を受けた最終報告書 *Functional Requirements for Bibliographic Records* の全訳である（ウェブ版もある。<http://www.ifla.org/VII/s13/frbr/frbr.pdf> または <http://www.ifla.org/VII/s13/frbr/frbr.htm>（2004年2月11日アクセス））。

　FRBRと略称される本報告書は、「実体関連分析」(entity-relationship analysis) の手法を用い、利用者の観点から、書誌レコードが果たす諸機能を、明確に定義された用語によって叙述し、目録の機能要件のモデル化を図ったものである。

　本書には、二つの領域における専門用語が頻出している。

　第1は、伝統的な書誌学および目録作成技術にかかわる用語である。これらの用語の訳出にあたっては、『英米目録規則　第2版日本語版』（1982年　日本図書館協会刊）の訳語をベースとした（一部修正を加えたものもある）。

　第2の領域はモデル化にかかわる用語である。これらの用語の訳語を確定するまでにかなりの変遷があった。以下に注釈しておきたい。

　まず、本書のタイトル『書誌レコードの機能要件』は、当初『書誌的記録の機能要件』としていた。「図書館目録や全国書誌に記述される実体と結びついたデータの集合体」と定義されている bibliographic records を「書誌的記録」と訳したのは、日本目録規則の用語に合わせたためである。しかしながら、一般に使用されている「書誌レコード」の語を用いることとした。また、実体（entity）、関連（relation）、属性（attribute）、タイプ（type）、インスタンス（instance）、利用者タスク（user task）等の実体関連分析手法にかかわる用語も、より一般的な語を選んだ。このように、それぞれの分野で一般に使用されている語を優先して採用し、新規に用語を創作することはできるだけ避けることとした。

　一方、本書の最大のキーワードで、書誌レコードの利用者の主要な関心対象を示す実体の中心となる、知的・芸術的活動の成果としての**著作**（work）、**表現形**（expression）、**体現形**（manifestation）、**個別資料**（item）については、新たな概念を含んでいるため、新規に用語を創作せざるを得なかった。これらの訳語は最後まで確定しなかったが、次のような理由により、上記のように定めた。

　まず、「個別の知的・芸術的創造」（a distinct intellectual or artistic creation）である work を「著作」と訳すことについては、図書やテキストのみをイメージさせるという異論があるが、書誌学や文献学等の伝統に従った一般的な訳語を用いることとした。

　「著作の知的・芸術的実現」（the intellectual or artistic realization of a *work*）である expression は、「英数字による表記、記譜、振付け、音響、画像、物、運動等の形式あるいはこれらの形式の組み合わせ」によって実現される実体である、との意味を汲み取って、

表現＋形式を示す「表現形」を使用した。

　「著作の表現形の物理的な具体化」(the physical embodiment of an *expression* of a *work*)は、当初、「実現形」の語を用いていたが、表現形の定義における「実現」(realization)と区別する必要があるため、また著作の表現形が物理的に具体化される物理的形式を強調するため、「体」の文字を冠した「体現形」を使用することとした。

　「体現形の単一の例示」(a single exemplar of a *manifestation*) と定義される item は、当初「記述対象」と訳していた。これは、前述した『英米目録規則　第 2 版日本語版』に従ったものである。しかし、カタロガーの手許にある「物」としての資料のみを記述対象とするのではなく、抽象的な「表現形」や「体現形」をも記述対象と考える本書においては、これは誤訳であり、その意味を汲み取って「個別資料」の訳語を用いることとした。また、この item のみが抽象的な実体ではなく具体的な実体であるため、「個別形」の用語は採用しなかった。

　以上のほかに、本書で初めて現われる各実体の属性や関連を示す用語が頻出しているが、原書にもある索引を訳出して、それぞれ訳語を示してある。

　本書の翻訳作業は、日本図書館協会目録委員会における議論を出発点としている。本委員会において、本報告書のもつ重要性、特に、実体関連分析によるモデル化の手法自体は目新しいものではないが、利用者側の視点から目録を見直すことに努めていることの重要性に着目し、将来の目録のあり方を考察する場合の基礎文献となると評価した。そのため、目録委員会自体の事業ではないが、委員有志による翻訳として手がけることとなった。

　訳者三人のほかに、同委員会元・現委員の堀井郁子、原井直子、増井ゆう子の各氏にも訳出作業に参加いただいた。ご協力に感謝したい。

（和中幹雄）

IFLA 書誌レコード機能要件研究グループの構成員

オリビア・マディソン（Olivia Madison）：委員長
　アイオワ州立大学図書館（Iowa State University Library）

ジョン・バイラム・ジュニア（John Byrum, Jr.）
　米国議会図書館（Library of Congress）

スザンヌ・ジュグル（Suzanne Jouguelet）
　フランス国立図書館（Bibliothèque nationale de France）

ドロシー・マガリ（Dorothy McGarry）
　カリフォルニア大学ロサンゼルス校（University of California, Los Angeles）

ナンシー・ウィリアムソン（Nancy Williamson）
　トロント大学情報学部（Faculty of Information Studies, University of Toronto）

マリア・ウィット（Maria Witt）
　科学都市メディアテーク（Médiathèque de la Cité des Sciences, Paris）

コンサルタント

トム・デルシー（Tom Delsey）
　カナダ国立図書館（National Library of Canada）

エリザベス・ドゥラバーン（Elizabeth Dulabahn）
　米国議会図書館（Library of Congress）

エレン・スヴェノニアス（Elaine Svenonius）
　カリフォルニア大学ロサンゼルス校（University of California, Los Angeles）

バーバラ・ティレット（Barbara Tillett）
　米国議会図書館（Library of Congress）

前構成員および前コンサルタント

ナンシー・ジョン（Nancy John）：委員長（1993 年 8 月～1995 年 8 月）
　イリノイ大学シカゴ校図書館（University Library, University of Illinois at Chicago）

ベン・タッカー（Ben Tucker）：コンサルタント（1992 年 6 月～1993 年 6 月）
　米国議会図書館（Library of Congress）

第1章 序　　章

1.1　背景

　40年ほど前に国際図書館連盟（IFLA）は、目録の理論と運用について国際的なレベルで抜本的な再検討に着手した。この活動の最初の重要な成果が、1961年にパリの国際会議で合意され、その後パリ原則として知られるようになった一組の目録原則であった。二番目の重要な事業は、書誌記述の形式と内容に関する国際標準設定の決議を採択した、1969年のコペンハーゲンの国際目録専門家会議で始まった。この決議に基づき、『単行書用国際標準書誌記述』（*International Standard Bibliographic Description for Monographic Publications*）という最初の標準が作成され、1971年に出版された。これら初期の事業以降、パリ原則と一連のISBD（国際標準書誌記述）は、全国的あるいは国際的な目録規則にとって、新たなものを制定する場合でも改訂を行う場合でも、書誌学的な拠り所となってきた。

　しかし、この間に目録原則や書誌標準の運用環境は劇的に変化した。変化をもたらした主たる要因は、書誌データの作成・処理のために自動化システムが導入され、かつ継続的に拡張されたことと、全国的・国際的な規模の共同分担目録事業に参加した何千という図書館が作成し利用する、大規模な目録データベースが現われたことである。共同分担目録の成長には、新しい技術がもたらした機会だけでなく、目録作業の重複を最小化して目録作成経費をいっそう削減しようという必要性によっても、拍車がかかった。経済的な圧力もまた目録作業平易化の努力を促し、引き続き増大しつつある出版量に対応するために、「ミニマル・レベル」（最小量のレベル）の目録作業へと図書館をいっそう駆り立てたのである。他方、電子出版という新しい形態やネットワークを通じた情報資源へのアクセスの出現により生じた変化に、目録規則とその運用を適合させようという必要性も高まった。同様に重要なことに、ますます増大する利用者の期待やニーズにもっと効果的に対応すべきであるという認識が生じた点が挙げられる。

　IFLA国際書誌コントロール・国際MARCプログラム（UBCIM）およびIFLA書誌コントロール局の後援のもとに1990年に開催された、書誌レコードに関するストックホルム・セミナーの背景となったのは、まさにこの変り行く状況であった。セミナーの参加者は、図書館が直面している経済的状況や目録作成経費削減の必要性を認識する一方で、利用者ニーズを満たすことと、資料の多様性や、書誌レコードが使われるさまざまな状況がもたらす広範なニーズにもっと効果的に取り組むことの重要性を理解していた。「ミニマル・レベル」の目録作成をという意向に応えるには、書誌レコードの個々のデータ要素と利用者ニーズとの関連についての注意深い再検討が必要であり、またこの状況にあって共同分担

目録計画を実行するには、「基本」レベルあるいは「コア」レベルの書誌レコードとして合意される標準が、国内的にも国際的にも必要だという認識に達した。

ストックホルムのセミナーでは九つの決議が採択され、その一つは現在の研究に直接的につながるものであった。決議は、書誌レコードの機能要件を定義する研究の委託を指示していた。これに基づき作成された委託事項は、研究の目的と範囲について次のように述べている。

本研究の目的は、書誌レコードが果たす機能を、多様なメディア、種々の適用性、多様な利用者ニーズに関して、明確に定義した用語によって叙述することである。本研究は、最も広い意味での書誌レコード、すなわち記述要素だけでなく、アクセスポイント（名称、タイトル、主題など）やその他の「組織化」要素（分類など）、および解題を含む書誌レコードの全機能を対象にしている。

利用者ニーズに応えるという観点から、書誌レコードが提供しようとするのは何に関する情報か、そして書誌レコードが果たすべきことは何かについて、明確かつ厳密に規定された、理解を共通にする枠組みを作るのが、本研究のねらいであった。

委託事項はまた、全国書誌作成機関が作成する書誌レコードにとっての基本レベルの機能と基本的なデータ要件について勧告する、という第2の役割を研究グループに与えている。基本レベルの全国書誌レコードについて勧告を策定する趣旨は、全国書誌作成機関が場合によっては完全なレベルに達しないレコードを作成することにより目録経費を削減することが許容されるものの、全国書誌作成機関の作成するすべてのレコードは確実に基本的な利用者ニーズを満たすコア・レベルの標準の設定が求められる、というストックホルム・セミナーで確認された課題に対応することであった。

1992年9月のIFLAニューデリー大会のIFLA目録部会常任委員会において、研究委託事項が承認され、研究グループのメンバーが目録部会と分類・索引部会の双方から任命された。

1995年の秋に研究グループは、報告書草案の長期にわたる検討を終えた。いくつかの中間報告文書および最終報告案の作成については、研究グループのコンサルタントが請け負った。1996年5月、IFLA目録部会のメンバーとボランティア・コメンテーターに向けて6か月間の全世界レビューとして報告書草案が配付された。その他の、これを吟味し、コメントしようとする人々や組織に対しては、IFLA目録分科会のホームページで、WWWを通じても電子的に報告書案が入手可能となっていた。6か月間のレビューの結果、研究グループは16の国から40の回答を得た。たいていのコメントは、報告書案の構成、用語定義、方法、特定の資料タイプの要件の決定にかかわるものであった。レビューを行ってくれた

人々はまた、種々の定義や概念を明確にするためにもっと多くの例を添えるように提言していた。

1997年2月、研究グループは会合をもち、全世界レビューのコメントを論議のうえ、報告書の改訂方針を決めた。この会合の後、コンサルタントにより最終的な修正が報告書に施された。研究グループの主査マディソン氏（Ms. Olivia Madison）は、デンマークのコペンハーゲンで開催された第63回 IFLA 大会の際に、IFLA 目録部会常任委員会に最終報告書を提出し、常任委員会はこの報告書を1997年9月5日の会合で承認した。

1.2 アプローチ

研究委託事項は、書誌レコードの利用者が関心をもつ実体、各実体の属性、および実体間をつなぐ関連のタイプを識別し、明確に定義づける枠組みを明らかにするように求めた。その意図は、特定の属性や関連（書誌レコードでは別々のデータ要素として反映される）を、利用者が書誌レコードを使う際に行う各種のタスク（作業）に関係づける根拠となる概念モデルを作成することであった。

本研究には、内容・骨組みのどちらの点でも、書誌レコード自体についてあらかじめ前提としたことは何もない。データ要素の要件分析は、利用者が書誌レコードから情報を見つけ出そうとするのは何についてか、そしてその情報はどのように使われるかを体系的に明らかにしようと努める点で、利用者に焦点を合わせたアプローチをとっている。

本研究は、書誌レコード利用者の主要な関心対象である実体の摘出から始まる実体関連分析の技法を用いている。次いで、書誌探索の定式化、探索結果の解釈、書誌レコードに記述された実体の世界の「ナビゲート」を行う際に、利用者にとって非常に重要な実体に結びついた特性あるいは属性と、実体間の関連を確認している。本研究で展開されたモデルは包括的な視野に立つものだが、モデルの定義する実体、属性および関連について、すべてを網羅しているとは言えない。このモデルは概念レベルで機能するもので、完全に展開されたデータモデルに求められる水準の分析は行っていない。

本研究では、書誌レコードの利用者に図書館の顧客やスタッフだけでなく、出版者、取次業者、小売店、伝統的な図書館界以外の情報サービスの提供者や利用者など広範囲の人々を想定している。また、書誌レコードが使われる種々の業務、すなわち、購入あるいは取得、目録作成、蔵書管理、閲覧管理、図書館間貸借、保存、それにレファレンスや情報検索といったことを考慮に入れている。結果として、本研究で確認した属性と関連は、書誌情報の利用の広がりや、書誌レコードに記述された資料の内容と形式の双方の面から利用者にとっての重要性を反映している。

本研究はまた、対象とする資料、メディア、フォーマットの種類の点でも包括的であろうとしている。研究グループは、テキスト・地図・視聴覚・画像・三次元の資料、紙・フィルム・磁気テープ・光媒体、それに音響・電子・デジタル・光といった記録様式に属するデータを確認するのに、幅広い情報源を利用した。

　本研究で論じたモデルの基本要素、すなわち実体、属性、関連は、書誌レコードに通常表現されているデータを論理的に分析し得られたものである。この分析に使われた主な出典は、一連の『国際標準書誌記述』(*International Standard Bibliographic Description* (ISBD))、『典拠記入および参照記入のためのガイドライン』(*Guidelines for Authority and Reference Entries* (GARE))、『件名典拠記入および参照記入のためのガイドライン』(*Guidelines for Subject Authority and Reference Entries* (GSARE))[永田治樹ほか訳『現代の図書館』特別号　No.4　1995]、『UNIMARCマニュアル』(*UNIMARC Manual*)などである。後に追加されたものには、『AITFの芸術作品の記述のためのカテゴリー』(*AITF [Art Information Task Force] Categories for the Description of Works of Art*)といったその他の出典や、報告書案が作られた際に指導した専門家が提供したもの、公表されている利用者研究の多くのレビュー、さらには報告書案の全世界レビューの一部として受け取ったコメントから選んだものが挙げられる。

　留意すべき重要な点は、本研究で展開するモデルでは、典拠レコードに通常反映される属性と関連の拡張部分を対象としていないことである。このモデルは、典拠レコードの要である個人、団体、概念などの実体を定義し、それらの実体と書誌レコード自体に記述された実体との間の関連を描いている。また、実体の属性が書誌レコードに通常示されている範囲で、それらの属性を定義している。しかし、このモデルは典拠レコードで本来記録される付加的なデータについては分析していないし、目録における連結の仕掛け (syndetic apparatus) で一般に表現される実体間の関連も分析していない。完全に展開された概念モデルには、拡張した段階の分析が必要であると考えられているものの、現在の研究委託事項は、書誌データを中心にして、典拠データは除外し、研究に要する時間の制約もあって、このような拡張的なレベルの分析は考慮外とした。だが、研究グループは、将来モデルを拡張し典拠データを対象とする必要性を認識している。

　基本レベルの全国書誌レコードに関する勧告は、本研究が定義する一般的な利用者タスクのモデルにおいて確認された、属性と関連の相対的な重要度を査定して作成された。このアセスメントは大部分、研究グループとコンサルタントの知識と経験に基づいたが、図書館学文献にみられる実証的研究から得られた根拠や、研究グループ外の数名の専門家のアセスメントによっても補った。

1.3 将来の研究領域

　本研究で展開したモデルは、書誌記述の慣例の解釈やいっそうの展開を促すための論理的枠組みを確立した点で、最初の試みである。だが、共通理解や議論を進展させるための基盤を提供しようというものであって、問題に対する最終解答ではない。このモデルのいくつかの面はもっと詳細な分析を必要とするし、それは可能であろう。委託事項の第 2 の課題に応えるために、研究グループは基本レベルの全国書誌レコードに関する勧告の枠組みとしてこのモデルを利用した。とはいえ、モデルそのものは、書誌データの作成・管理・利用を支援する目録規則やシステムの設計に携わる人々にとって関心がある、多くの後続の研究の有用な出発点となることが期待される。

　このモデルは、典拠レコードに通常記録される付加的なデータに及ぶように拡張できるであろう。特に、件名典拠、シソーラス、分類表にとって中心に置かれる実体と、それらの間の関連について、もっと深い分析が必要である。

　モデルのいくつかの側面は、さらに詳細に検証しなければならない。さまざまな資料のタイプに関する属性の確認と定義は、今後専門家の見直しや利用者研究によってさらに拡張できるであろう。特に、デジタル・フォーマットで記録される実体の「シリアリティ（逐次性）」の考え方や動的な性格についての分析は、今後の課題である。

　本研究のモデルは、できるだけ書誌的宇宙の「汎用的」見方を提示し、特定の目録規則やその概念の運用から影響を受けないようにしている。しかしある意味では、これが「実務的規則」（例：著作の境界を定義する基準における）のようなモデルにおいて通常言及されているものを反映している点で、恣意的である。国レベルの目録規則に責任を負う人々は、特定の文化的状況や書誌的な伝統のもとで使用する「実務的規則」あるいは運用できる原理を反映するように、モデルを改造するほうが有用だと考えるかもしれない。この種の試みは、国レベルの目録規則に反映されている論理的概念についての有益な洞察をもたらし、目録規則が新しい要件に合致するよう構成されるにつれて、規則を考案する人々がそれらの概念をいっそう明確にし、矛盾なく反映させるのに役立つだろう。

　国際的なレベルでは、このモデルの個々の属性や関連を書誌データの特定の運用法にマッピング（対応づけ）することは、書誌データの「正規化」で費やす作業を合理化するために、データ作成の慣習や標準を再査定する有用な手がかりになるし、データ取得のためにもっと経済的な方法が見出せるかを検討することにもなる。同じように、基本レベルの全国書誌レコードについての勧告は、IFLA 目録部会常任委員会による簡易版 ISBD の仕事の再開の端緒となりうるだろう。

　このモデルで使われている実体関連分析は、書誌データを蓄積、表示、伝達してきた構

造を再検討するのに有用な概念的枠組みとしても役立つだろう。モデルに描かれた階層的・相互的な関連をもっと直接に反映するよう MARC レコードのフォーマットを再編成するという実際的な問題についても、いっそう検討が進むであろう。この種の検討が、いわゆる「マルティプル・バージョン」［訳注：ある版が、たとえば図書やマイクロ資料、あるいは CD-ROM などさまざまな形で出版されている現象］の問題への新しいアプローチを提供するかもしれない。さらにこのモデルが拡張され十分展開されたデータモデルとなれば、モデル上に描かれたデータベース構造の効率や効果を査定するための実験用のデータベース設計の基盤として役立つであろう。

第2章　目的、範囲、方法

2.1　研究の目的

　本研究には二つの主要な目的がある。第1は、書誌レコードのデータを利用者のニーズに関連づけるために、明確に定義され、構造化された枠組みを提供すること、第2は、全国書誌作成機関によって作成される書誌レコードの、基本レベルの機能を勧告することである。

2.2　範囲

　本研究では、書誌レコードは図書館目録や全国書誌に記述される実体と結びついたデータの集合体である、と定義する。このデータ集合に含まれているものは、一連のISBDに定義されているような記述データ要素、排列要素あるいは索引項目としての機能を果たす個人・団体・タイトル・件名の標目に使われるデータ要素、分類記号のようなファイルを編成するのに使われるその他のデータ要素、抄録や要約といった解題、そして受入番号や請求記号などの図書館コレクションのコピーに固有なデータである。

　個人、団体、タイトル、件名と結びついているデータは、書誌的な実体を記述するレコードの標目あるいは索引項目として機能する範囲においてのみ検討される。本研究では、典拠レコードでのみ通常扱われる個人、団体、著作、件名の付加的なデータについては対象としない。

　本研究は、対象とする資料の多様性を考慮し、できるだけ包括的なものを目指している。研究で取り扱うデータは、テキスト・楽譜・地図・視聴覚・画像・三次元資料にかかわり、書誌レコードに記述された物理的媒体の全部の種類（紙、フィルム、磁気テープ、光ストレッジ媒体など）、すべての形態（図書、シート、ディスク、カセット、カートリッジなど）、さらにすべての情報の記録様式（アナログ、アコースティック、電子、デジタル、光など）を対象にしている。

　本研究では、全国書誌や図書館目録のために作成された書誌レコードに含まれているデータが、幅広い利用者、つまり閲覧者、学生、研究者、図書館スタッフ、出版者、取次業者、小売店、情報ブローカー、知的財産権の管理者等に使われることを前提としているし、また、書誌レコードが使われる場面には、コレクション形成、取得、目録作成、ファインディング・エイドや書誌の作成、蔵書管理、保存、貸出管理、ILL、レファレンスおよび情報検索などの、図書館内外の広い範囲の用途が想定されている。

このような状況にあって、利用者は書誌レコードを多様な目的で利用する。たとえば、ある所与の「範囲」（たとえば、入手できる情報資源の全体、特定の国の出版物、特定の図書館あるいは図書館群の所蔵資料）において、特定の主題に関するまたは特定の個人による情報資源にはどのようなものがあるかを判断する、確保、借用、貸出のために特定のドキュメントの存在および（または）入手可能性を確認する、ドキュメントが得られる情報資源や利用条件を確認する、コレクションに追加されようとしている資料の書誌レコードがすでに存在しているか、または新しい書誌レコードを作成すべきかどうかを判断する、製本や保存の作業のために移動中の資料を追跡する、資料を貸し出したり図書館間貸借として発送したりできるかどうかを判断する、利用者の情報ニーズに役立つドキュメントないしはドキュメント群を選ぶ、資料の利用のための物理的な要件が、利用者能力や再生装置、コンピュータの能力などに関連しているので、それを判断する、などの目的である。

本研究では、書誌レコードの機能要件は、全国書誌や図書館目録を探索し利用するときに利用者の行う、次のような一般的なタスクに関連づけて定義される。

- 利用者が設定する探索基準に合致する資料を発見する (find) ために、データを使う（例：ある主題に関するすべてのドキュメントを探索する、あるいは特定のタイトルのもとに発行された記録物を探索する）。
- 実体を識別する (identify) ために、検索されたデータを使う（例：書誌レコードに記述されているドキュメントが利用者の探索するドキュメントと対応していることを確認する、あるいは同じタイトルの二つのテキストあるいは記録物を区別する）。
- 利用者のニーズに適合する実体を選択する (select) ために、データを使う（例：利用者が理解する言語で書かれたテキストを選ぶ、あるいは利用者が使えるハードウェアやオペレーティング・システムと一致するコンピュータ・プログラムのバージョンを選ぶ）。
- 記述された実体へのアクセスを取得・入手する (obtain) ために、データを使う（例：出版物の注文をする、図書館コレクションの図書 1 部の貸出要求を出す、遠隔のコンピュータに蓄積された電子ドキュメントにオンラインでアクセスする）。

2.3　方法

本研究で用いた方法は、関係型データベース・システムの概念モデルの開発で使用される実体分析技法に基づくものである。書誌データベース設計の根拠に本研究を直接的に役立てる意図はないが、研究委託事項で提示されている定義と描出の工程を円滑にする、データ要件分析への体系的なアプローチを提供しているという理由で、この技法が方法的な原理として選ばれた。

実体分析技法の第 1 ステップは、個々の領域において情報利用者が関心をもつ重要な対象の切り出しである。関心の対象は、できるだけ高いレベルで定義される。つまり、分析

は一つ一つのデータではなく、まず、データが説明している「物事」に注目することである。モデルに設定されたそれぞれの実体は、したがって、一群のデータの中心点として機能する。人事情報システムの実体図では、たとえば「従業員」を、そのシステムの利用者が関心を向ける一つの実体として把握する。

　ハイレベルな実体図でも、一つの実体タイプともう一つの実体タイプの間に通常存在する関連を描く。人事情報システムのモデルでは、たとえば実体「従業員」と実体「地位」との間の相互関連をおそらく示すことになろう。つまり、従業員は地位を「占め」、地位は従業員に「占められる」。

　主要な実体とそれらの間の関連が確認され、モデルにハイレベルの構造が図に描かれれば、方法上の次のステップは、各実体の重要な性質や属性を確認することである。たとえば、人事情報システムの場合、従業員と関連している属性には、従業員の名前、住所、誕生日、社会保障番号などが含まれるだろう。

　実体タイプ間の関連を描くのに用いられる技法の拡張として、さらに詳しいレベルでも実体分析の方法を適用し、実体のインスタンス［訳注：データの型（クラス）に従ってつくられた実際のデータ］間で作用する特定の関連を描くことができる。たとえば、人事情報システムのモデルでは、ある従業員ともう一人の従業員との間に関連が存在する（例：配偶者関係）ことが表わされるかもしれない。もしこのような関連が、モデル化される領域の情報利用者にとって重要だとすれば、これらの関連はモデルの部分として定義される。

　本研究では、実体、属性、関連の分析から導き出される実体関連構造を、書誌データ利用者によって行われるタスクに対するそれぞれの属性と関連の適切さを査定する枠組みとして用いている。それぞれの属性と関連は、本研究のために定義した利用者による四つの一般的なタスクに対応づけられる。そして対応する値が、実行される仕事や利用者の関心の対象である実体に照らし、それぞれ属性や関連に割り当てられる。

　実体関連構造と、属性や関連の利用者タスクへのマッピングが、全国書誌作成機関によって作成されるレコードの基本レベルの機能に関する研究グループの勧告の根拠として使用されている。この勧告は、全国書誌レコードが支援すべきもっとも重要なことと考えられる利用者タスクに焦点を合わせている。それらのタスクを支援する属性や関連に割り当てられた相対的な重要性に基づいて、勧告は基本レコードのための特定のデータ要件を判別している。

　本研究で使われている実体関連分析技法や図表表現の約束事は、主にマーティン（James Martin）が開発し、著書『情報システムの戦略的構築』（*Strategic Data-Planning Methodologies*）（Prentice-Hall, 1982）［坂本広訳　日経マグロウヒル　1985］に記した方法によ

っている。シムション（Graeme Simsion）の『データモデル作成の基本』（*Data Modeling Essentials*）（Van Nostrand Reinhold, 1994）、パーキンソン（Richard Perkinson）の『データ分析：データベース設計の手がかり』（*Data Analysis: the Key to Data Base Design*）（QED Information Science, 1984）、それにエルマシュリ（Ramez Elmasri）とナヴァンテ（Shamkant Navanthe）の『データベース・システムの基礎』（*Fundamentals of Database Systems*）（Benjamin/Cummings, 1989）も、本研究の方法を具体化するのに使用した。4冊の本全部を、さらに背景やもっと詳しい実体関連分析に興味をもつ方々に薦めたい。

2.4　研究の構成

　実体分析の技法と、属性および関連の利用者タスクへのマッピングが、書誌情報利用者のニーズに応えようとしている書誌レコードのデータ要件について本研究が行おうとするアセスメントとともに、全国書誌レコードに収める基本データについての研究グループの勧告のための枠組みを形成している。この報告書の残りの部分は、大きく二つに分かれる。第1部分は、実体関連モデルを提示し、第2部分は、研究グループによる基本レベルの全国書誌レコードに関する勧告を示している。

　本研究の第1部分は四つの章から構成される。
- 第3章は、このモデルで使われる実体を、名づけ、定義し、その性質や対象範囲を詳しく述べて、確認する。
- 第4章は、このモデルで定義した各実体に関連する属性を分析し、各属性の定義を与える。この分析は次いで付録Aで展開され、各属性の個々のデータ要素を包括的にリストアップする。
- 第5章は、実体の特定のインスタンス間で作用する関連はもとより、このモデルにおいて一般的なレベルで作用する関連の性質について定義づけ説明し、モデルで使用された関連を描出する。
- 第6章は、それぞれの属性あるいは関連の各利用者タスクへの適合性を示しつつ、書誌レコードが支えようとしている利用者の四つの一般的なタスクに、各実体の属性と関連を位置づける。

　本研究の第2部分には一つの章がある。
- 第7章は、全国書誌レコードの基本データの要件に関する研究グループの勧告の枠組として、第6章のマッピングを使用する。

　本報告書には、第4章で定義する論理的な属性を、ISBD、『典拠記入および参照記入のためのガイドライン』および『UNIMARCマニュアル』において定義されたデータ要素と関連づける付録をも収録している。

第3章 実　　体

3.1　概観

　本研究で定義している各種の実体は、書誌データの利用者の主要な関心対象を示している。これらの実体は三つのグループに分かれる。第1グループは、書誌レコードにおいて命名あるいは記述される知的・芸術的活動の成果、すなわち**著作**（work）、**表現形**（expression）、**体現形**（manifestation）、**個別資料**（item）から成る。第2グループは、知的・芸術的内容、物理的製作と頒布、あるいはこれらの成果の管理に責任をもつ**個人**（person）および**団体**（corporate body）から成る。第3グループは、知的・芸術的活動の主題として役立つ付加的な実体の集合、すなわち**概念**（concept）、**物**（object）、**出来事**（event）、**場所**（place）から成る。

　3.1.1 から 3.1.3 までの節では、三つのグループに属する各実体を簡略な図式で示し、各実体タイプ間の基本的な関連を描いている。

　3.2.1 から 3.2.10 までの節では、本モデルで定義する各実体について、より詳細な説明を行っている。

　第5章（5.2.1 から 5.2.3 までの節）では、3.1.1 から 3.1.3 までの節の実体関連図で描かれている、異なる実体タイプ間の関連について、より詳細な説明を行っている。

3.1.1　第1グループの実体：著作、表現形、体現形、個別資料

　第1グループの実体（図 3.1 で描かれているもの）は、知的・芸術的活動の成果に対する利用者の関心の異なる側面を示している。**著作**（個別の知的・芸術的創造）として定義する実体と**表現形**（著作の知的・芸術的実現）として定義する実体は、知的・芸術的内容を反映している。一方、**体現形**（著作の表現形の物理的な具体化）として定義する実体と**個別資料**（体現形の単一の例示）として定義する実体は、物理的形態を反映している。

　図 3.1 で描かれている関連は、**著作**が実現するのは1または2以上の**表現形**を通してであることを示している（そのため、**著作**を**表現形**に結びつける線に二重矢印がある）。一方、**表現形**はただ一つの**著作**の実現である（そのため、**表現形**を**著作**に結びつける線の反対方向には一重矢印がある）。**表現形**は1または2以上の**体現形**のなかで具体化される。同様に、**体現形**は1または2以上の**表現形**を具体化する。また、**体現形**は1または2以上の**個別資料**によって例示されるが、**個別資料**はただ一つの**体現形**を例示する。

図 3.1　第 1 グループの実体と主要な関連

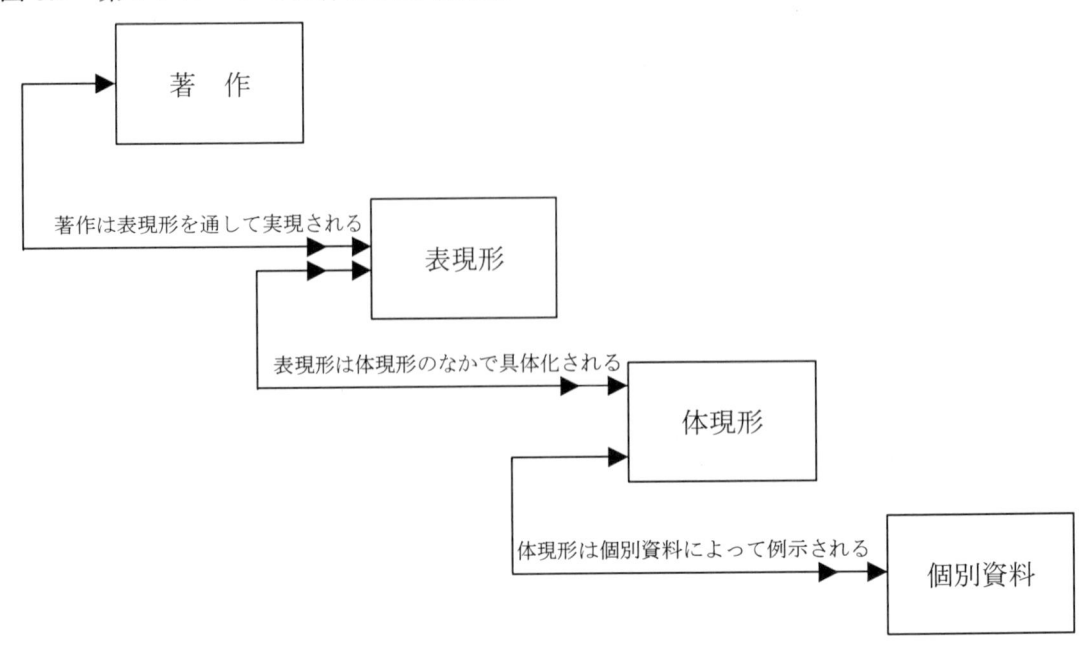

```
                    ┌─────────┐
              ┌────▶│  著 作  │
              │     └────┬────┘
              │          │
   著作は表現形を通して実現される
              │          │
              │          ▼
              │     ┌─────────┐
              └────▶│  表現形 │
                    └────┬────┘
                         │
                表現形は体現形のなかで具体化される
                         │
                         ▼
                    ┌─────────┐
                    │  体現形 │
                    └────┬────┘
                         │
                体現形は個別資料によって例示される
                         │
                         ▼
                    ┌─────────┐
                    │個別資料 │
                    └─────────┘
```

3.1.2　第 2 グループの実体：個人、団体

　第 2 グループの実体（図 3.2 において太線で囲ってあるもの）は、知的・芸術的内容、物理的製作と頒布、あるいは第 1 グループの実体の管理に責任をもつものを示している。第 2 グループの実体には**個人**と**団体**（組織または個人および（または）組織の集合）が含まれる。

　図 3.2 は、第 2 グループの実体と第 1 グループの実体の間に存在する「責任性」の関連のタイプを描いている。この図は、**著作**は 1 または 2 以上の**個人**および（または）**団体**によって創造されることを示している。反対に、1 個人や 1 団体は 1 または 2 以上の著作を創造することがある。**表現形**は 1 または 2 以上の**個人**および（または）**団体**によって実現されることがあり、1 個人や 1 団体は 1 または 2 以上の**表現形**を実現することがある。**体現形**は 1 または 2 以上の**個人**や**団体**によって製作されることがあり、1 個人や 1 団体は 1 または 2 以上の**体現形**を製作することがある。**個別資料**は 1 または 2 以上の**個人**や**団体**によって所有されることがあり、1 個人や 1 団体は 1 または 2 以上の**個別資料**を所有することがある。

図 3.2　第 2 グループの実体と「責任性」の関連

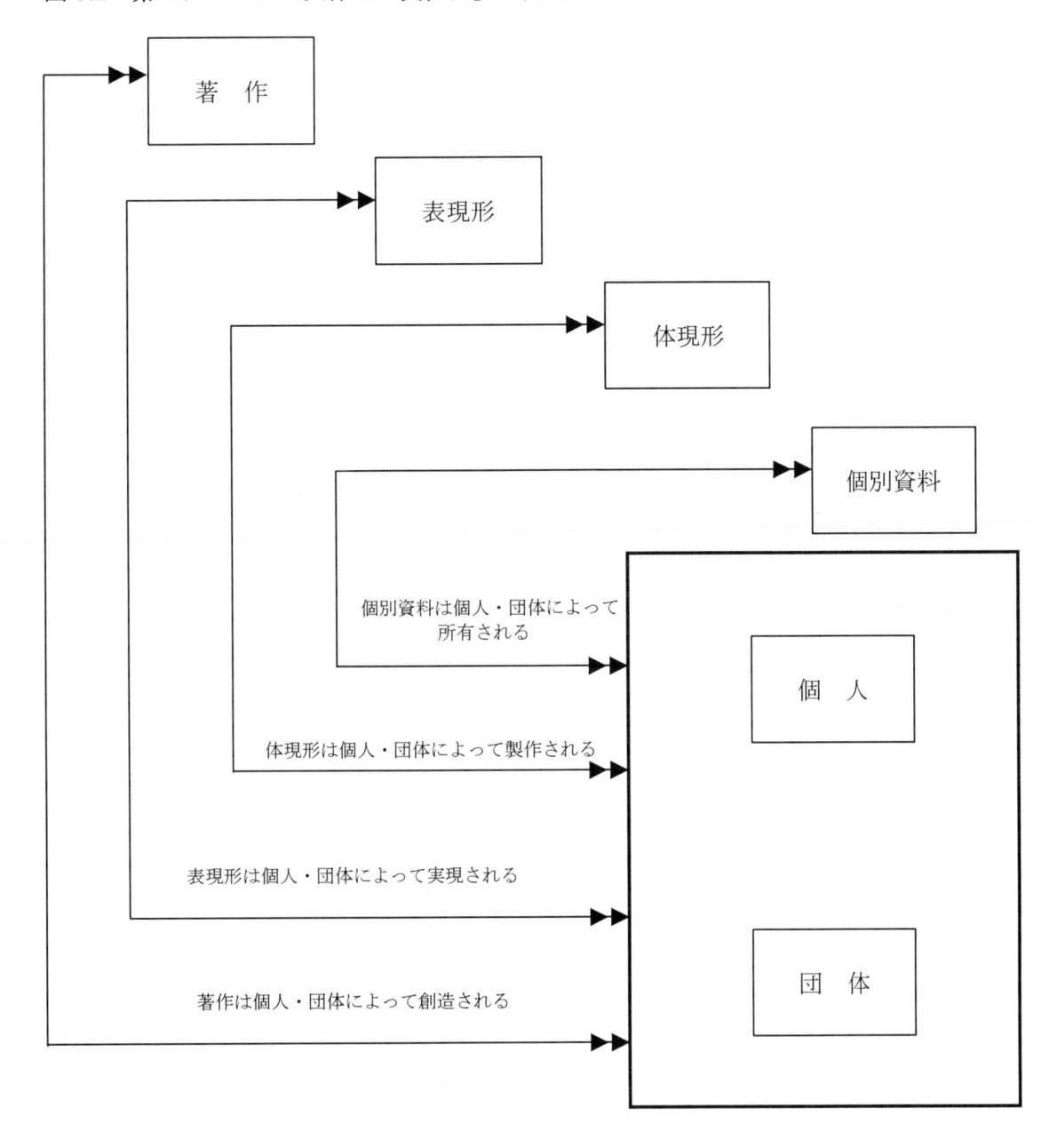

著作

表現形

体現形

個別資料

個別資料は個人・団体によって所有される

個　人

体現形は個人・団体によって製作される

表現形は個人・団体によって実現される

団　体

著作は個人・団体によって創造される

図 3.3

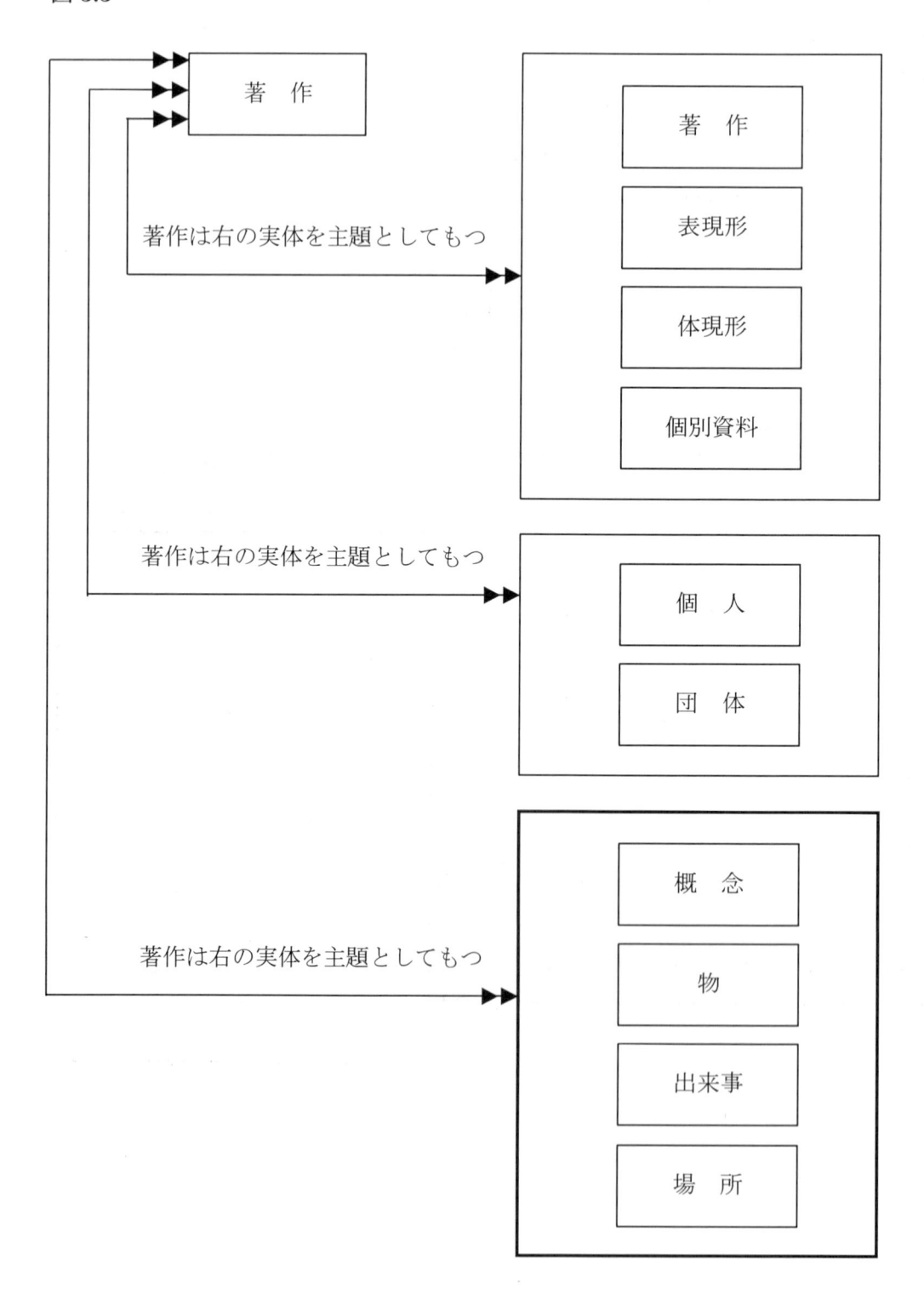

```
著 作  ←━━  著作は右の実体を主題としてもつ  →→ ┌─────────┐
                                              │ ┌─────┐ │
                                              │ │ 著 作 │ │
                                              │ └─────┘ │
                                              │ ┌─────┐ │
                                              │ │ 表現形 │ │
                                              │ └─────┘ │
                                              │ ┌─────┐ │
                                              │ │ 体現形 │ │
                                              │ └─────┘ │
                                              │ ┌─────┐ │
                                              │ │個別資料│ │
                                              │ └─────┘ │
                                              └─────────┘

         著作は右の実体を主題としてもつ →→ ┌─────────┐
                                              │ ┌─────┐ │
                                              │ │ 個 人 │ │
                                              │ └─────┘ │
                                              │ ┌─────┐ │
                                              │ │ 団 体 │ │
                                              │ └─────┘ │
                                              └─────────┘

         著作は右の実体を主題としてもつ →→ ┏━━━━━━━━━┓
                                              ┃ ┌─────┐ ┃
                                              ┃ │ 概 念 │ ┃
                                              ┃ └─────┘ ┃
                                              ┃ ┌─────┐ ┃
                                              ┃ │ 物   │ ┃
                                              ┃ └─────┘ ┃
                                              ┃ ┌─────┐ ┃
                                              ┃ │出来事 │ ┃
                                              ┃ └─────┘ ┃
                                              ┃ ┌─────┐ ┃
                                              ┃ │ 場 所 │ ┃
                                              ┃ └─────┘ ┃
                                              ┗━━━━━━━━━┛
```

3.1.3　第 3 グループの実体：概念、物、出来事、場所

　第 3 グループの実体（図 3.3 において太線で囲ってあるもの）は、**著作**の主題として役立つ付加的な実体の集合を示している。このグループには、**概念**（抽象的観念や思想）、**物**（物

体)、出来事(行為や事件)および場所(所在地)が含まれる。

この図は、第3グループの実体と第1グループの著作という実体との間の「主題」の関連を描いていて、著作は1または2以上の概念、物、出来事、場所をその主題としてもつ場合があることを示している。逆に言えば、概念、物、出来事、場所は、1または2以上の著作の主題となり得る。

この図はまた、著作と第1および第2グループの実体との間の「主題」の関連をも描いていて、著作は1または2以上の著作、表現形、体現形、個別資料、個人、団体をその主題としてもつ場合があることを示している。

3.2 各種の実体

3.2.1 著作

本モデルで定義する1番目の実体は、著作すなわち個別の知的・芸術的創造である。

著作は抽象的な実体であり、人が著作として指示できる単一の物的対象は存在しない。われわれが著作を認識するのは、個々の実現すなわち著作の表現形を通してであるが、著作自体はさまざまな表現形の間での内容の共通性としてのみ存在する。われわれが著作としてのホメロスのイリアッドについて語るとき、その著作の特定の朗誦やテキストに言及しているのではなく、著作のさまざまな表現形すべての背後に存在する知的創造に言及しているのである。

著作という観念が抽象的であるため、その実体の正確な境界線を定義することは困難である。著作を構成するものは何か、ある著作と他の著作の境界をどこに置けばよいかについての考え方は、事実上、文化の違いによって異なり得る。その結果、さまざまな文化や国民的集団によって確立された書誌的な慣習は、ある著作と他の著作の境界線を決定するのに用いる基準について異なることがある。

本研究では、改訂や更新を以前のテキストに組み入れた異なるテキスト(variant texts)は、単に同一著作の異なる表現形とみなす(すなわち、異なるテキストを異なる著作とはみなさない)。同様に、現在のテキストの縮約版や増補版あるいは部編の追加や楽曲への伴奏の付加は、同一著作の異なる表現形とみなす。他の言語への翻訳、編曲、映画の吹き替え版や字幕版もまた、単に同一原著作の異なる表現形とみなす。

例
　著作1:Henry Gray の *Anatomy of the human body*

表現形 1：第 1 版の本文と挿図
　　表現形 2：第 2 版の本文と挿図
　　表現形 3：第 3 版の本文と挿図
　　…

　著作 1：J. S. Bach の *The art of the fugue*
　　表現形 1：作曲家のオルガン用総譜
　　表現形 2：Anthony Lewis による室内オーケストラ用編曲
　　…

　著作 1：*Jules et Jim*（映画）
　　表現形 1：フランス語原版
　　表現形 2：英語字幕付き原版
　　…

　対照的に、**著作**の修正が独立した知的・芸術的活動に大きく関与している場合には、本研究では、その成果を新しい**著作**とみなす。このように、パラフレーズ（paraphrases）、書き直し（rewritings）、児童向け翻案（adaptations for children）、パロディー（parodies）、主題による変奏曲（musical variations on a theme）および楽曲のフリー・トランスクリプション（free transcriptions of a musical composition）は、新しい**著作**を表現しているとみなす。同様に、ある文学形式・芸術形式から他の形式への改作（例：戯曲化、静止画像（graphic arts）の一技法（medium）から他の技法への改作等）は、新しい**著作**を表現しているとみなす。抄録（abstracts）、ダイジェスト（digests）および要約（summaries）もまた新しい**著作**を表現しているとみなす。

　　例
　　著作 1：John Bunyan の *The pilgrim's progress*
　　著作 2：*The pilgrim's progress* の著者不明の青少年読者向け翻案
　　…

　　著作 1：William Shakespeare の *Romeo and Juliet*
　　著作 2：Franco Zeffirelli の映画 *Romeo and Juliet*
　　著作 3：Baz Lurhmann の映画 *William Shakespeare's Romeo and Juliet*
　　…

　実用的なレベルにおいて、本モデルの実体として**著作**を定義することは多くの目的に役立つ。それによって、その**著作**の個々の**表現形**すべてを包含する抽象的な知的・芸術的創造に名称を与え、関連を明確にすることが可能となる。このようにして、たとえばホメロ

スのイリアッドを取り扱っている文芸批評の**著作**を記述する場合、この批評**著作**をその主題として取り扱っている**著作**に関連づけることが可能となる。ホメロスの**著作**に名称を与え、それと批評**著作**との関連を定義することによって、批評**著作**の主題は、実際上、イリアッドとして知られている抽象物であって、その**著作**の特定の**表現形**ではないことを示すことが可能となる。

また、個々の**表現形**間の直接的な関連を示すことができない場合、実体として**著作**を定義することによって、同一**著作**の各**表現形**間の間接的な関連を設定することが可能となる。たとえば、**著作**に多くの翻訳が存在する場合（例：*Anne of Green Gables*）、ある翻訳の底本となっているテキストを特定することが、常に可能であるわけではなくまた必要であるわけでもない。その場合、その**著作**に対する個々の**表現形**間の直接的な関連（すなわち、翻訳と翻訳の底本とした 1 または複数テキスト間の関連）を示すことはできないが、**著作**と呼ぶ実体にそれらを各々関連づけることによって、**著作**の他のテキストや翻訳と暗示的に関連づけることになる。

各**表現形**をその**著作**に関連づけることによって 1 **著作**の各種の**表現形**を間接的に関連づけることは、関連する**表現形**を集める最も有効な手段である場合が多い。実際に、われわれが**著作**に与える名称は、同一の知的・芸術的創造（例：*Lancelot du Lac*）の実現である**表現形**の全集合・全グループに対する名称の役割を果たすのである。したがって、われわれにこの集中させる能力を与えるのが、**著作**として定義する実体である。

3.2.2 表現形

本モデルで定義する 2 番目の実体は、**表現形**すなわち英数字による表記、記譜、振付け、音響、画像、物、運動等の形式あるいはこれらの形式の組み合わせによる**著作**の知的・芸術的実現である。

表現形は、**著作**が「実現される」ごとに生じる特定の知的・芸術的形式である。たとえば、**表現形**には、テキスト形式で**著作**の実現から生まれる特定の語、文、パラグラフ等や、音楽**著作**の実現から生まれる特定の音符やフレージング等が含まれる。しかしながら、**表現形**の範囲を定義する場合には、それ自体が**著作**の知的・芸術的実現にとって必須ではない書体やページのレイアウトのような物理的形式の側面は除外している。

表現形の形式は**表現形**固有の特性であるため、形式の変更（例：英数字による表記から話し言葉への変更）は、どのような場合も新たな**表現形**を生み出す結果となる。同様に、**著作**を表現するために用いられる知的慣習や手段の変更（例：ある言語から他の言語への翻訳）は、新たな**表現形**を生み出す結果となる。厳密に言えば、いかなる知的・芸術的内容の変更も**表現形**の変更となる。このように、テキストが改訂され修正される場合、その

修正がどのように小さくとも、結果として生まれる**表現形**は新たな**表現形**とみなす。

　例
　　著作1：Ellwanger の *Tennis--bis zum Turnierspieler*
　　　表現形1：ドイツ語の原テキスト
　　　表現形2：Wendy Gill による英訳
　　　…

　　著作1：Franz Schubert の *Trout quintet*
　　　表現形1：作曲家の総譜
　　　表現形2：Amadeus Quartet と Hephzibah Menuhin によるピアノ演奏
　　　表現形3：Cleveland Quartet と Yo-Yo Ma によるチェロ演奏
　　　…

　実用レベルにおいて、**著作**の異なる**表現形**どうしをどの程度まで書誌的に区別するかは、ある程度までは**著作**自体の性質および予想される利用者ニーズにかかわっているであろう。**表現形**の形式の相違（例：楽譜形式の**表現形**と同一**著作**の録音形式の**表現形**との間の相違）は、**著作**自体の性質がいかなるものであろうと、通常、その相違は書誌レコードに反映されるであろう。同一形式の異なる**表現形**（例：あるテキストの改訂版）が、異なる**表現形**として間接的に識別されることが多いのは、**表現形**を具体化している**体現形**を識別するのに用いられる属性（例：版表示）に関連するデータによって、その相違が明らかとなるためである。**表現形**のより詳細な分析・比較からのみ明らかとなる相違（例：シェイクスピアのハムレットのいくつかの初期テキスト間の相違）は、**著作**の性質や名声がこのような分析を正当化し、その区別が利用者にとって重要であることが期待される場合にのみ、そのデータに反映されることになるであろう。

　本モデルで**表現形**を実体として定義することは、同一**著作**の一つの実現ともう一つの実現との間に存在することがある知的・芸術的内容の相違を示す手段をわれわれに提供する。実体として定義する**表現形**によって、**著作**の特定の実現がもつ知的・芸術的属性を記述し、それらの属性の相違によって、知的・芸術的内容の相違を知らせることができる。

　また、**表現形**を実体として定義することにより、ある**著作**について特定の**表現形**間の関連を示すことができるようになる。たとえば、翻訳の底本となった特定のテキストや楽曲の演奏に使用する特定の総譜を識別するために、**表現形**と呼ぶ実体を利用することができる。

　一つの**体現形**のなかで具体化されている知的・芸術的内容が、実際はもう一つの**体現形**のなかで具体化されているものと同一であることを示すためにも、**表現形**として定義する

実体を利用することができる。物理的な具体化が異なり、その異なった**体現形**の属性が両者の内容が同一である事実を曖昧にしているとしても、この二つの**体現形**が同一の知的・芸術的内容を具体化しているのであれば、**表現形**として定義する実体を通して共通のリンクを張ることができる。

3.2.3 体現形

本モデルで定義する3番目の実体は、**体現形**すなわち**著作**の**表現形**の物理的な具体化である。

体現形として定義される実体には、手稿、図書、定期刊行物、地図、ポスター、録音物、フィルム、ビデオ録画、CD-ROM、複合媒体キット等の広範な資料が含まれる。実体として**体現形**が表わしているのは、知的内容および物理的形式に関して同一の特性をもつすべての物理的対象である。

著作が実現されるときに生まれる**著作**の**表現形**は、紙、録音テープ、ビデオ・テープ、画布、石膏等の媒体上で物理的に具体化される。その物理的な具体化が**著作**の**体現形**である。**著作**の**体現形**から生み出される物理的例示が一つしかない場合がある（例：著者手稿、口述歴史文書のために記録したテープ、油絵の原画等）。一方、広範な普及や頒布を促すために製作された多数のコピーが存在する場合がある。このような場合には、通常、整えられた製作過程が関係し、出版者、製作者または頒布者がその過程に責任をもっている。一方、個人的な研究（例：1曲のオリジナルな音楽録音のダビング）や保存（例：著者原稿を保存用紙に複写する写真複製）の目的のために、原本からわずかな数のコピーのみが作成されることもある。製作の範囲が広い場合でも（例：出版の場合等）、限定されている場合でも（例：個人的研究のために作成するコピー等）、それぞれに製作されるコピーのセットが**体現形**を構成することになる。同一セットを構成するすべての製作コピーは同一**体現形**のコピーであるとみなす。

ある**体現形**と他の**体現形**との間の境界線は、知的内容および物理的形式の双方に基づき引かれる。製作過程で物理的形式が変更される場合には、その製作物は新しい**体現形**であるとみなす。物理的形式の変更には、表示上の特性に影響を及ぼす変更（例：書体、フォントのサイズ、ページのレイアウト等）、物理的媒体の変更（例：伝達手段としての紙からマイクロフィルムへの変更）および容器の変更（例：テープの容器としてのカセットからカートリッジへの変更）が含まれる。製作過程に出版者、製作者、頒布者等がかかわっていて、出版、市場等に関連する製作物に変更（例：出版者の変更、再包装等）が表示されている場合には、その製作物は新しい**体現形**であるとみなす。製作過程に知的・芸術的内容に影響を及ぼす変更、追加、削除等がかかわっているどのような場合でも、その結果の製作物は、**著作**の新しい**表現形**を具体化している新しい**体現形**である。

例

　著作1：Harry Lindgren の *Geometric dissections*
　　表現形1：*Geometric dissections* と題された原テキスト
　　　体現形1：Van Nostrand が 1964 年に出版した図書
　　表現形2：*Recreational problems in geometric dissections ....*と題された
　　　　　　改訂テキスト
　　　体現形1：Dover が 1972 年に出版した図書

　著作1：J. S. Bach の *Six suites for unaccompanied cello*
　　表現形1：1963 年と 1965 年に録音された Janos Starker による演奏
　　　体現形1：1965 年に 33 1/3 rpm の録音ディスクで Mercury によって
　　　　　　公開された録音物
　　　体現形2：1991 年にコンパクト・ディスクで Mercury によって再公開
　　　　　　された録音物
　　表現形2：1983 年に録音された Yo-Yo Ma による演奏
　　　体現形1：1983 年に 33 1/3 rpm の録音ディスクで CBS Records によ
　　　　　　って公開された録音物
　　　体現形2：1992 年にコンパクト・ディスクで CBS Records によって
　　　　　　再公開された録音物

　著作1：Jean Jolivet の *Vraie description des Gaules....*
　　表現形1：地図製作者による原図
　　　体現形1：1570 年に刊行された地図
　　　体現形2：Hier et demain が 1974 年に刊行したファクシミリ複製

　著作1：*The Wall Street Journal*
　　表現形1：東版（the Eastern edition）
　　　体現形1：東版の印刷形態
　　　体現形2：東版のマイクロフィルム
　　表現形2：西版（the Western edition）
　　　体現形1：西版の印刷形態
　　　体現形2：西版のマイクロフィルム

　製作過程において生じ、コピーに影響を与える変更は、意図的に生じた場合も偶然に生じた場合でさえも、厳密に言えば、新たな**体現形**を生み出す結果となる。このような変更から生まれる**体現形**は、その出版物の特定の「異刷」（state［訳注：同一版であるが、製作過程において内容に変更が生じた**体現形**］あるいは issue［訳注：再発行など別のタイミングで印刷され、内容に変更が生じた**体現形**］）として識別されることがある。

製作過程が完了した後に個々のコピーに生じる変更（例：ページの欠落、再製本等）を、新たな**体現形**が生まれたとはみなさない。そのコピーは、製作されたコピーから逸脱した**体現形**の一例（すなわち**個別資料**）にすぎないとみなす。

体現形を実体として定義することによって、物理的な具体化すなわち同一の製作過程から生まれる**個別資料**の完全な集合に名称を与え、それを記述することが可能となる。**体現形**という実体は、特定の出版物、版、リリース等の各コピーに共通した特徴を記述するとともに、手稿、油絵の原画等のようなユニークな製作物を記述するのにも役立つ。

体現形として定義する実体によって、1組の**個別資料**の物理的特徴およびその1組の**個別資料**の製作と頒布に関連する特徴を記述することが可能となる。これらの特徴は、利用者がみずからの物理的なニーズや制約に合致した**体現形**を選択し、その**体現形**の1コピーを識別・取得することが可能となる重要な要因となり得るものである。

また、実体として**体現形**を定義することによって、著作の特定の**体現形**間の関連を示すことも可能となる。たとえば、マイクロ複製物を作成するために使用した特定の出版物を識別するために、**体現形**間の関連を利用することができる。

3.2.4 個別資料

本モデルで定義する4番目の実体は、**個別資料**すなわち**体現形**の単一の例示である。

個別資料として定義する実体は具体的な実体である。多くの場合、それは単一の物的対象である（例：1冊本の単行本の1コピー、1本の録音カセット等）。しかしながら、**個別資料**として定義する実体は、複数の物的対象から構成される場合がある（例：分離した2冊本として刊行される単行本、3枚のコンパクト・ディスクとして刊行される録音物等）。

知的内容および物理的形態の点で言えば、**体現形**の単一の例示である**個別資料**は、通常、**体現形**自体と同一である。しかしながら、**個別資料**が同一**体現形**の単一の例示である場合でも、**体現形**の製作者の意図とかかわりのない行為（例：**個別資料**が製作された後に生じる破損、図書館が行う製本等）の結果、ある**個別資料**と他の**個別資料**の間に異同が生じることがある。

 例
  著作1：Ronald Hayman の *Playback*
   表現形1：出版のために編集した著者のテキスト
    体現形1：1973年に Davis-Poynter が刊行した図書
     個別資料1：著者署名入りコピー

> 著作1：Allan Wakeman の *Jabberwocky*
>   表現形1：著者のゲーム設計書と解説テキスト
>   体現形1：1974年にLongmanが発行したゲームおよび教師用付属解説書
>   個別資料1：教師用付属解説書を欠いたコピー

個別資料を実体として定義することによって、**体現形**の個々のコピーを別物として識別し、そのコピーに特有の特性や、そのコピーにかかわる貸出等の処理に適した特性を記述することが可能となる。

個別資料と呼ぶ実体を定義することによって、**体現形**の個々のコピー間の関連を示すことも可能となる。

3.2.5 個人

本モデルで定義する5番目の実体は、**個人**である。

個人として定義する実体には、生存者のみならず故人も含まれる。

> 例
>   個人1：Margaret Atwood
>   個人2：Hans Christian Andersen
>   個人3：Queen Victoria
>   個人4：Anatole France

本研究で**個人**が実体として取り扱われるのは、**著作**の創造あるいは実現に関与している（例：著者、作曲家、画家、編者、訳者、監督、演奏・演技者等）か、**著作**の主題である（例：伝記または自伝、史書等の主題）範囲においてのみである。

個人という実体を定義することによって、**著作**の特定の**表現形**や**体現形**に個人名がどのように現われているかにかかわりなく、一貫した方式で個人を命名し識別することができるようになる。

また、**個人**を実体として定義することによって、特定の**個人**と、その**個人**が責任をもつ**著作**や**著作**の**表現形**との間の関連、あるいは**著作**とその**著作**の主題となる**個人**との間の関連を示すことができるようになる。

3.2.6　団体

本モデルで定義する 6 番目の実体は、**団体**すなわち一つの単位として活動する組織または個人および（または）組織のグループである。

団体として定義する実体には、特定の名称によって識別される組織と、**個人**および（または）組織のグループが含まれる。それらは、臨時的に発生するグループおよび集会、会議、大会、探検隊、展示会、祝祭、博覧会などとして構成されるグループを含んでいる。

この実体には、地域的な権力として活動し、連邦、州、区、地方自治体などのような、一定の地域に行政的機能を果たす、あるいは果たすことを主張する組織をも含んでいる。また、活動を続ける組織やグループのみならず、消滅した組織やグループをも含んでいる。

>　例
>　　団体 1：Museum of American Folk Art
>　　団体 2：BBC Symphony Orchestra
>　　団体 3：Symposium on Glaucoma
>　　団体 4：Regional Municipality of Ottawa-Carleton
>　　…

本研究で**団体**が実体として取り扱われるのは、それが**著作**の創造あるいは実現に関与している（例：著作のスポンサーや推薦人等）か、**著作**の主題である（例：史書等の主題）範囲においてのみである。

団体という実体を定義することによって、**著作**の特定の**表現形**や**体現形**に組織やグループの名称がどのように現われているかにかかわりなく、一貫した方式で組織やグループを命名し識別することができるようになる。

また、**団体**を実体として定義することによって、特定の**団体**と、その**団体**が責任をもつ**著作**や**著作**の**表現形**との間の関連、あるいは**著作**と**著作**の主題となる**団体**との間の関連を示すことができるようになる。

3.2.7　概念

本モデルで定義する 7 番目の実体は、**概念**すなわち抽象的観念や思想である。

概念として定義する実体には、**著作**の主題となり得る広範囲な抽象概念、すなわち、知識分野、学問分野、学派（哲学、宗教、政治的イデオロギー等）、理論、プロセス、技術、

慣習等が含まれる。**概念**はきわめて広く定義される場合もあり、あるいは厳格に定義され精密な場合もある。

 例
  概念1：経済学（Economics）
  概念2：ロマンチシズム（Romanticism）
  概念3：水耕栽培（Hydroponics）
  概念4：供給サイドの経済学（Supply-side economics）
  …

本研究で**概念**が実体として取り扱われるのは、それが**著作**の主題である範囲においてのみである（例：哲学論文や学派批判等の主題）。

概念という実体を定義することによって、**著作**の特定の**表現形**や**体現形**のどこかに現われている**概念**に対する名称の存在の有無やその名称の形式にかかわりなく、一貫した方式で**概念**を命名し識別することができるようになる。

また、**概念**を実体として定義することによって、**著作**と**著作**の主題である**概念**との間の関連を示すことができるようになる。

3.2.8 物

本モデルで定義する8番目の実体は、**物**すなわち物体である。

物として定義する実体には、**著作**の主題となり得る広範囲な種々の物体、すなわち、自然界に現われる生命体および非生命体、人間の創造の所産である固定物、可動物および移動物、もはや存在しない物体が含まれる。

 例
  物1：バッキンガム宮殿（Buckingham Palace）
  物2：ルシタニア号（The *Lusitania*）
  物3：アポロ2号（*Apollo II*）
  物4：エッフェル塔（The Eiffel Tower）
  …

本研究で**物**が実体として取り扱われるのは、それが**著作**の主題である範囲においてのみである（例：科学研究等の主題）。

物という実体を定義することによって、著作の特定の表現形や体現形のどこかに現われている物に対する名称の存在の有無やその名称の形式にかかわりなく、一貫した方式で物を命名し識別することができるようになる。

また、物を実体として定義することによって、著作と著作の主題である物との間の関連を示すことができるようになる。

3.2.9　出来事

本モデルで定義する9番目の実体は、出来事すなわち行為や事件である。

出来事として定義する実体には、著作の主題となり得る広範囲な行為や事件、すなわち、歴史上の出来事、歴史的時代・時期等が含まれる。

 例
  出来事1：繊維労働者のストライキ（The Garment Workers' Strike）
  出来事2：ヘイスティングズの戦い（The Battle of Hastings）
  出来事3：啓蒙時代（The Age of Enlightenment）
  出来事4：19世紀（The Nineteenth Century）
  …

本研究で出来事が実体として取り扱われるのは、それが著作の主題である範囲においてのみである（例：歴史論文や絵画等の主題）。

出来事という実体を定義することによって、著作の特定の表現形や体現形のどこかに現われている出来事に対する名称の存在の有無やその名称の形式にかかわりなく、一貫した方式で出来事を命名し識別することができるようになる。

また、出来事を実体として定義することによって、著作と著作の主題である出来事との間の関連を示すことができるようになる。

3.2.10　場所

本モデルで定義する10番目の実体は、場所すなわち所在地である。

場所として定義する実体には、地球および地球外の場所、歴史上および現代の場所、地理学的特徴および地政学的法域のような広範囲な区域が含まれる。

例
    場所 1   Howard Beach
    場所 2   The Alacran Reef
    場所 3   Morey Peak Wilderness Study Area
    場所 4   Bristol
    …

本研究で**場所**が実体として取り扱われるのは、それが**著作**の主題である範囲においてのみである（例：地図・地図帳や旅行ガイド等の主題）。

場所という実体を定義することによって、**著作**の特定の**表現形**や**体現形**のどこかに現われている**場所**に対する名称の存在の有無やその名称の形式にかかわりなく、一貫した方式で場所を命名し識別することができるようになる。

また、**場所**を実体として定義することによって、**著作**と**著作**の主題である**場所**との間の関連を示すことができるようになる。

3.3　集合的実体と構成的実体

著作、**表現形**、**体現形**および**個別資料**の実体を説明するために 3.2.1 から 3.2.4 までの節で使用した例示は、主として統合的な単位（integral unit）としての実体を示した（例：**著作**の例示としてシェイクスピアの「ロミオとジュリエット」、**表現形**の例示としてシューベルトの「鱒五重奏曲」の特定の演奏等）。しかしながら、本モデルの構造は、統合的な単位とみなされる実体を表現するのと同じ方法で、集合的実体および構成的実体を表現することを可能としている。すなわち、論理的にみれば、たとえば、**著作**という実体は、編者や編纂者によって選集という形式で集められた個別著作の集成、シリーズを形成するために出版者によって集められた個別単行書の 1 組、単一フォンドとして文書館によって組織された私文書の 1 コレクションを表現している場合がある。同じように、**著作**という実体は、報告書の 1 章、地図の断片、雑誌中の 1 論文などのように、より大きな著作から分離した知的・芸術的構成要素である場合がある。本モデルにとって、集合レベルないし構成レベルにある実体は、統合的な単位レベルの実体と同じような働きをする。すなわち、それらは同じ用語で定義され、同じ特性を共有し、また、統合的な単位レベルの実体と同じ方法で互いに関連づけられる。5.3.1.1、5.3.2.1、5.3.4.1 および 5.3.6.1 の各節では、全体および（または）部分の関連の文脈において、集合的実体および構成的実体について補足的な説明を行っている。

例
    著作 1：Robertson Davies の *The Deptford trilogy*（三部作）

著作 1.1 : Robertson Davies の *Fifth business*
著作 1.2 : Robertson Davies の *The manticore*
著作 1.3 : Robertson Davies の *World of wonders*

著作 1 : *Visible speech*, edited by Howard Bibb
　著作 1.1 : Volume 1: *Segmentals*, introduced by Alex Hanes-White
　著作 1.2 : Volume 2: *Suprasegmentals*, by Mary Loftus
　　表現形 1：出版のために編集した著者のテキスト
　　　体現形 1：1994 年に Partners in Speech が発行した 3 枚のディスクからなる電子資料
　　　　体現形 1.1 : volume 1 （1 枚のディスク）
　　　　体現形 1.2 : volume 2 （2 枚のディスクと 104 ページのマニュアル）

著作 1 : The Ordnance Survey's *1:50 000 Landranger series*
　著作 1.1 : Mansfield and the Dukeries
　　表現形 1：大きな変更を伴い、メートル法等高線による改訂地図
　　　体現形 1：1985 年に印刷された地図
　著作 1.2 : Luton and Hertford
　　表現形 1：大きな変更を伴う改訂地図
　　　体現形 1：1984 年に印刷された地図
　　　　…

第4章 属　　性

4.1 実体の属性

　本モデルで定義する各実体には、一組の特性あるいは属性が結びついている。実体の属性は、利用者が特定の実体に関する情報を求める場合、質問を作成し、その回答を解釈する手段となるものである。

　本モデルで定義しているように、属性は一般に二つのカテゴリーに大別できる。一方では実体に固有の属性があり、他方では外的に付与される属性がある。第1のカテゴリーには、物理的特性（例：対象の物理的媒体と大きさ）のみならず、ラベル情報とみなすことができる特徴（例：タイトルページ、表紙あるいは容器上の表示）も含まれる。第2のカテゴリーには、実体に付与される識別子（例：楽曲に対する主題別目録番号）と背景に関する情報（例：著作が構想された政治的背景）が含まれる。実体に固有の属性は、通常、実体自体を吟味することによって決定することができるが、外的に付与される属性は、しばしば外部情報源への参照が必要となる。

　ある実体の特定のインスタンスは、一般に各属性の一つの値のみを示す（たとえば、特定の対象の「物理的媒体」という属性に対する値は「可塑的」である）。しかしながら、インスタンスによっては、単一の属性に対して複数の値をもつことがある（たとえば、1冊の図書は、「**体現形のタイトル**」を示す2以上の表示を含むことがある）。また、ある実体インスタンスの属性に対する値が時間の経過によって変化することもある（たとえば、逐次刊行物に対する「キャリアの数量」は、新しい号が刊行されるごとに変化するであろう）。ある実体の属性（特に外的に付与される属性）に対する値は、参照基準となる情報源に応じて、時には変化することがある。

　本モデルにおいて各実体に関して定義する属性は、その特定の実体タイプのあらゆるインスタンスに現われるとは必ずしも限らない。各実体に関する属性リストには、全体としてその実体タイプに一般的に当てはまる属性を最初に掲げてある。その実体のサブタイプにのみ当てはまる属性は、一般的に当てはまる属性の後に掲げるとともに、それらに適用されるサブタイプを示す用語で限定してある（例：著作のサブタイプとしての「音楽作品」）。しかしながら、実体タイプや実体サブタイプのあらゆるインスタンスに、リストに掲げた属性のすべてが現われるわけではない。

　一見すると、本モデルで定義する属性のあるものは、別々に実体として定義され、関連を通して相互にリンクしている関心対象と重複しているように見えることがある。たとえ

ば、**体現形**の属性である「責任表示」は、**個人**および**団体**という実体や、それらの実体を**体現形**のなかで具体化されている**著作**および（または）**表現形**にリンクさせる「責任性」という関連に類似しているように見えるかもしれない。しかしながら、「責任表示」として定義される属性は、**体現形**に含まれる**著作**と**著作**の創造や実現に責任をもつ**個人**および（または）**団体**との間の関連とは異なって、**体現形**自体に現われているラベル情報に直接関係している。多くの場合、「責任表示」において表示されている情報は、**著作**および（または）**表現形**とそれに責任をもつ**個人**および（または）**団体**との間の関連を通して反映される情報と実質的には同一である。しかしながら、その情報は常に同一であるわけではない。**個人**および**団体**という実体への責任性の関連を示す場合に、「責任表示」に現われている誤ったあるいは誤解を招きかねない情報を正したり、その情報を敷衍したりすることが可能である。**個人**および**団体**という実体への責任性という関連を用いることは、**個人**や**団体**が、特定の**体現形**における「責任表示」においてどのように識別されるかどうかにかかわりなく、その**個人**や**団体**を一定の仕方で識別する手段を提供することにもなる。

　しかしながら、本モデルは、このような対応が見られるあらゆる場合に実体の関連を属性と対応させてはいない。たとえば、「出版地・頒布地」は、どこで出版されたかを示す**体現形**自体に現われている表示を反映するために、**体現形**の属性として定義される。本モデルは**場所**も実体として定義しているのだから、直接的に**体現形**に結びつけるか、製作という関連を通じて同様に**体現形**に結びついている**個人**および**団体**という実体を通じて間接的に結びつけるかのいずれかにより、**場所**という実体をリンクさせる付加的な関連を定義することは可能であったであろう。十分に展開したデータ・モデルを作成するためには、その種の定義をさらに進めることが適切であろう。しかし、本研究では、概念モデルにすべてのこのような可能性を反映させることは不必要であると思われた。出版地の例のような場合には、対応した実体・関連を示すためにさらに分析を進めることなく、ラベル情報それ自体を反映させるために属性を定義するだけで十分であるとみなした。対応の図示は、属性に反映される情報への統制ないし標準化されたアクセスを提供することが必要であると思われる場合のみとした。

　本研究で定義する属性は、書誌レコードに典型的に示されているデータの論理的分析によって得られたものである。この分析に使われた主な出典は、一連の『国際標準書誌記述』（*International Standard Bibliographic Description* (ISBD)）、『典拠記入および参照記入のためのガイドライン』（*Guidelines for Authority and Reference Entries* (GARE)）、『件名典拠記入および参照記入のためのガイドライン』（*Guidelines for Subject Authority and Reference Entries* (GSARE)）、『UNIMARCマニュアル』（*UNIMARC Manual*）である。後に追加されたものは、『AITFの芸術作品の記述のためのカテゴリー』（*AITF [Art Information Task Force] Categories for the Description of Works of Art*）のようなその他の出典や、報告書案が作られた際に指導した専門家が提供したもの、公表されている利用者研究の多くのレビュー、さらには報告書案の全世界レビューの一部として受け取ったコ

メントから選んだものである。本モデルに収められている属性の範囲は、包括的となることを目指したが、完全なものではない。

本研究では、属性は論理レベルにおいて定義している。すなわち属性は、書誌データの編纂に責任をもつ者によって定義される特定のデータ要素であるというより、利用者が判断する可能性のある実体の特徴という観点で表現されている。ある場合には、論理的属性は個々のデータ要素に対応している（たとえば、「**体現形識別子**」という論理的属性は、ISBD(G)における「標準番号（またはその代替物）」の定義に対応するものとして定義されている）。しかし、多くの場合、論理的属性は、独立したデータ要素の集合を示している（例：「**体現形のタイトル**」として定義する論理的属性は、ISBDのいくつかのデータ要素である本タイトル（部編番号・部編名を含む）、並列タイトル、異タイトルおよび翻字タイトルを記述した注記、キータイトルを含んでいる）。本章における論理的属性の記述は、各論理的属性の範囲を指示している。付録Aにおいては、本モデルで定義する論理的属性と、一連の『国際標準書誌記述』(ISBD)、『典拠記入および参照記入のためのガイドライン』(GARE)、『件名典拠記入および参照記入のためのガイドライン』(GSARE)および『UNIMARCマニュアル』における個々のデータ要素との、詳細なマッピングを行っている。

本研究では、**個人**、**団体**、**概念**、**物**、**出来事**および**場所**という実体に対する論理的属性には、書誌レコード自体の一部として伝統的に表示されている属性のみが含まれている。典拠レコードに反映されることがある付加的な論理的属性は含まれない。

4.2 著作の属性

本研究で定義する**著作**の論理的属性は、以下のとおりである。
- **著作のタイトル**
- **著作の形式**
- **著作の成立日付**
- その他の特性
- 想定終期
- 想定利用者
- 著作成立の背景
- 演奏手段（音楽作品）
- 番号表示（音楽作品）
- 調（音楽作品）
- 経緯度（地図）
- 分点（地図）

4.2.1 著作のタイトル

著作のタイトルとは、著作の名称となる語、句または文字の集合である。著作に関連するタイトルは一つ存在する場合と、それ以上存在する場合とがある。著作がさまざまなタイトル（形式、言語等の異なる）のもとに現われる場合には、書誌作成機関は、著作に名称を与え引用する際の一貫性を保つために、「統一タイトル」の基礎として、通常それらのタイトルの一つを選択する。著作のタイトルとして現われるその他のタイトルは、その著作の別の形のタイトルとして取り扱われるが、並列統一タイトルとして取り扱われることもある。より大きな著作を構成する著作のタイトルは、より大きな著作のタイトルに従属する数字またはその他の総称的な語のみから成ることがある。

4.2.2 著作の形式

著作の形式とは、著作が属する種類である（例：小説、戯曲、詩、随筆、伝記、交響曲、協奏曲、ソナタ、地図、スケッチ、絵画、写真等）。

4.2.3 著作の成立日付

著作の成立日付とは、著作が最初に創作された日付（通常は「年」）である。この日付は単一の日付の場合と一連の日付の場合とがある。確認可能な創作日付が存在しない場合には、著作の成立日付は最初の出版日付または公開日付に結びつけられることがある。

4.2.4 その他の特性

その他の特性とは、同一タイトルをもつ別の著作を識別するのに役立つ特性である（例：*The Adoration of the Shepherds* の名で知られるコベントリー（Coventry）発祥の中世の奇跡劇と同一名で知られるチェスター（Chester）発祥の劇とを区別する役割を果たす発祥地）。

4.2.5 想定終期

著作の想定終期とは、著作が終期をもつものとして構想されているか、無期限に継続する予定であるかどうかを示したものである。

4.2.6 想定利用者

想定利用者とは、著作が対象として意図している利用者層であり、年齢層（児童、ヤング・アダルト、成人等）、教育レベル（初等、中等等）またはその他のカテゴリーによって

定義される。

4.2.7 著作成立の背景

著作成立の背景とは、著作が最初に構想された歴史的、社会的、知的、芸術的またはその他の背景である（例：英国の 17 世紀王政復古、19 世紀末の審美主義運動等）。

4.2.8 演奏手段（音楽作品）

演奏手段とは、音楽著作が本来意図された、器楽、声楽および（または）その他の演奏手段である（例：ピアノ、バイオリン、オーケストラ、男性声楽等）。

4.2.9 番号表示（音楽作品）

番号表示とは、作曲家、出版者または音楽学者が音楽著作に付与する一連番号、作品番号または主題目録番号である（例：ルートヴィヒ・ケッヘルがモーツァルトの作品に付与した番号）。

4.2.10 調（音楽作品）

調とは、調性音楽において、中心音としての単一のピッチ・クラスを確立するピッチ関係の集合である（例：ニ長調（D major））。音楽著作に対する調は、その著作が最初に作曲されたときの調である。

4.2.11 経緯度（地図）

経緯度とは、経度と緯度の度、分および秒、あるいは地図画像や地図オブジェクトで表示されている地域の、外郭の境界を形成する赤緯角と赤経角である。

4.2.12 分点（地図）

分点とは、天体図または天体モデルにおいて、参照ポイントとして機能する恒星年である。

4.3 表現形の属性

本研究で定義する表現形の論理的属性は、以下のとおりである。
・表現形のタイトル

- ・表現形の形式
- ・表現形の成立日付
- ・表現形の言語
- ・その他の特性
- ・表現形の拡張性
- ・表現形の改訂性
- ・表現形の数量
- ・内容の要約
- ・表現形成立の背景
- ・表現形に与えられた論評
- ・表現形の利用制限
- ・順序付けの類型(逐次刊行物)
- ・想定発行周期(逐次刊行物)
- ・想定発行頻度(逐次刊行物)
- ・楽譜の種類(楽譜)
- ・演奏手段(楽譜または録音)
- ・縮尺(地図画像・オブジェクト)
- ・投影法(地図画像・オブジェクト)
- ・表示技術(地図画像・オブジェクト)
- ・起伏表現(地図画像・オブジェクト)
- ・測地・グリッド・バーチカル測定値(地図画像・オブジェクト)
- ・記録技法(リモート・センシング画像)
- ・特性(リモート・センシング画像)
- ・技法(静止画像または投影画像)

4.3.1 表現形のタイトル

表現形のタイトルとは、表現形の名称となる語、句または文字の集合である。表現形に関連するタイトルは一つ存在する場合と、それ以上存在する場合とがある。より大きな表現形に含まれる表現形のタイトルは、より大きな表現形のタイトルに従属する数字またはその他の総称語のみから成ることがある。

4.3.2 表現形の形式

表現形の形式とは、著作が実現される手段である(例:英数字、記号、音符、口語、音響、地図画像、写真画像、彫刻、ダンス、身振り等)。

4.3.3　表現形の成立日付

　表現形の成立日付とは、表現形が創造された日付（著作の特定テキストが執筆ないし改訂された日付、歌曲が演奏された日付等）である。この日付は単一の日付の場合と範囲を示す日付の場合がある。確認可能な表現形の成立日付が存在しない場合には、表現形の日付を出版ないし公開日付に結びつけることがある。

4.3.4　表現形の言語

　表現形の言語とは、著作が表現される言語である。多くの言語から構成され、それぞれの言語が表現形の個々の構成要素に関係する場合がある。

4.3.5　その他の特性

　その他の特性とは、同一著作の異なる表現形を識別するのに役立つ、表現形の一切の特性である（例：聖書の英語テキストの多様な版あるいはバージョンを識別するのに用いられる名称、あるいは「改訂第2版」のような表現形の知的内容に関する版表示）。

4.3.6　表現形の拡張性

　表現形の拡張性とは、その表現形に追加的な知的・芸術的内容が付加される見込みを示したものである（例：一度に1部で完結、分冊刊行等）。

4.3.7　表現形の改訂性

　改訂性とは、表現形の知的・芸術的内容が改訂される見込みがあることを示したものである（例：草稿や中間報告、定期的に更新されることが期待される人名録）。

4.3.8　表現形の数量

　表現形の数量とは、表現形の知的内容の数量化である（テキスト中の語数、コンピュータ・プログラムのステートメント数、漫画の画像数等）。音および（または）動きとして表現される著作では、持続時間の数値となる場合がある（演奏時間等）。

4.3.9　内容の要約

　表現形の内容の要約とは、表現形に含まれる抄録、要約、摘要等、あるいは章見出し、歌曲、部編等の一覧である。

4.3.10 表現形成立の背景

表現形成立の背景とは、表現形が実現した歴史的、社会的、知的、芸術的、あるいはその他の背景である（アール・デコ時代等）。

4.3.11 表現形に与えられた論評

論評とは、書評家、評論家等によって表現形に対して示された反応であり、解題に含まれている（例："Critically acclaimed for its use of...."）。

4.3.12 表現形の利用制限

表現形の利用制限とは、表現形へのアクセスと利用に関する制限である。利用制限は、著作権に基づく場合があり、また著作権者に対して法律で保障した保護範囲を越えて拡張される場合がある。

4.3.13 順序付けの類型（逐次刊行物）

逐次刊行物として刊行される表現形に対する順序付けの類型とは、逐次刊行物の個々の単位に対して巻号等および（または）日付を示すために用いられる形式である（例：Volume ..., number ...）。

4.3.14 想定発行周期（逐次刊行物）

逐次刊行物として刊行される表現形の想定発行周期とは、想定される各号の発行周期である（例：発行の想定が定期か不定期か）。

4.3.15 想定発行頻度（逐次刊行物）

逐次刊行物として刊行される表現形に対する想定発行頻度とは、逐次刊行物の各号の公開が想定される間隔である（例：週刊、月刊、季刊、年刊等）。

4.3.16 楽譜の種類（楽譜）

楽譜の種類とは、楽曲を表現するために使用する形式である（例：ショート・スコア、総譜、コンデンス・スコア、クロース・スコア等）。

4.3.17　演奏手段（楽譜または録音）

演奏手段とは、音楽著作の表現形で表現されている器楽および（または）声楽の演奏手段である（例：2台のピアノ、ソプラノとアルト等）。著作の特定の表現形（例：トランスクリプション、編曲あるいは演奏における表現形）で表現されている器楽および（または）声楽は、著作が本来意図していた演奏手段と異なっている場合がある。4.2.8 演奏手段（音楽作品）参照。

4.3.18　縮尺（地図画像・オブジェクト）

縮尺とは、地図の表現形上の長さとそれが表現している実際の距離との比率である。縮尺は、表現形で表現されている水平、垂直、斜度および（または）その他の距離に適用される。

4.3.19　投影法（地図画像・オブジェクト）

投影法とは、平面に地球または天球の表面を表現するために用いられる手法またはシステムである（例：横軸メルカトル図法、等距離方位図法等）。

4.3.20　表示技術（地図画像・オブジェクト）

表示技術とは、地図画像における地理的あるいはその他の特性を表現するために用いられる手法である（例：立体写像式、線図式、絵画手法等）。

4.3.21　起伏表現（地図画像・オブジェクト）

起伏表現とは、地図画像において、地表または海底域の突起または凹凸を描くために用いられる技法である（例：等高線、濃淡、ケバ線、標高、水深濃淡表示等）。

4.3.22　測地・グリッド・バーチカル測定値（地図画像・オブジェクト）

測地・グリッド・バーチカル測定値には、地図画像の作成に用いられる回転楕円体に関する情報、地図画像で用いられるグリッドすなわち方眼指示システム、水平方向値、垂直方向値、等高線間隔、水深線間隔に関する数値データ等が含まれる。

4.3.23　記録技法（リモート・センシング画像）

記録技法とは、リモート・センシングを通して画像を得るために用いられる技法である

(例：マルチスペクトル撮影法、赤外線走査法、SLAR、受動マイクロ波マッピング法等)。

4.3.24 特性（リモート・センシング画像）

リモート・センシング画像すなわち航空写真を通して作成される画像の特性とは、センサーの高度と姿勢、プラットフォームの位置、衛星の種類と名称、関係するスペクトルのバンド数、画像の品質、雲量の範囲、分解能の平均値である。

4.3.25 技法（静止画像または投影画像）

技法とは、静止画像（例：彫版画等）を創作したり、投影画像（アニメーション、ライブ・アクション、コンピュータ生成、3D等）における動きを実現するのに用いられる手法である。

4.4 体現形の属性

本研究で定義する**体現形**の論理的属性は、以下のとおりである。
- **体現形のタイトル**
- 責任表示
- 版・刷表示
- 出版地・頒布地
- 出版者・頒布者
- 出版日付・頒布日付
- 製作者
- シリーズ表示
- キャリアの形態
- キャリアの数量
- 物理的媒体
- キャプチャー・モード
- キャリアの大きさ
- **体現形識別子**
- 取得・アクセス認証ソース
- 入手条件
- **体現形のアクセス制限**
- 書体（印刷図書）
- 活字のサイズ（印刷図書）
- 丁付け（書写本）
- 対照事項（書写本）

- ・刊行状況（逐次刊行物）
- ・順序表示（逐次刊行物）
- ・再生速度（録音資料）
- ・音溝幅（録音資料）
- ・カッティングの種別（録音資料）
- ・テープの形状（録音資料）
- ・音響種別（録音資料）
- ・特殊な再生特性（録音資料）
- ・色彩（画像）
- ・縮率（マイクロ資料）
- ・極性（マイクロ資料または画像投影資料）
- ・世代（マイクロ資料または画像投影資料）
- ・映写方式（画像投影資料）
- ・システム要件（電子資料）
- ・ファイルの特性（電子資料）
- ・アクセス方法（リモート・アクセス電子資料）
- ・アクセス・アドレス（リモート・アクセス電子資料）

4.4.1 体現形のタイトル

　体現形のタイトルとは、**体現形**の名称となる語、句または文字の集合である。**体現形**に関連するタイトルは一つ存在する場合と、それ以上存在する場合とがある。**体現形**に関連するタイトルには、**体現形**自体に出現するすべてのタイトル（たとえば、タイトルページ、タイトル・フレーム等におけるタイトル、表紙タイトル、副タイトルページのタイトル、見出しタイトル、欄外タイトル、背のタイトル等、奥付、巻尾等のタイトル、容器、マイクロフィッシュ・ヘッダー等におけるタイトル）が含まれるとともに、書誌コントロールの目的で**体現形**に付与されるタイトル（例：キータイトル、増補タイトル（expanded title）、翻訳タイトル、補記タイトル等）も含まれる。

4.4.2 責任表示

　責任表示とは、**体現形**のなかに（通常はタイトルと結びついて）現われ、**体現形**のなかで具体化されている知的・芸術的内容の創造あるいは実現に責任をもつ1またはそれ以上の個人または団体を命名する表示である。命名されている個人または団体は、**体現形**のなかで具体化されている**著作**に直接的な責任をもつ場合（例：著者、作曲家等）、あるいは間接的な責任をもつ場合（例：映画台本のベースとなっている小説の著者）がある。責任表示で命名されているその他の個人または団体には、**体現形**のなかに収録されている**著作**の**表現形**に責任をもつもの（例：訳者、演奏者等）、あるいは**体現形**に収録されている**著作**の

編纂に責任をもつもの（例：編者、編纂者等）が含まれる場合がある。責任表示は、**体現形**に収録されている**著作**の後援や発行に責任をもつ組織を命名する場合がある。また責任表示は、責任をもつ個人、集団あるいは組織の各々が果たす役割や機能を示す場合もある。体現形の責任表示に現われる名称は、**体現形**のなかで具体化されている知的・芸術的内容の創造あるいは実現に実際に責任をもつ**個人**や**団体**の名称である場合もあり、そうでない場合もある。同様に、表示されている機能が命名されている個人および集団と、知的・芸術的内容との間に存在する実際の関連を示している場合もあり、そうでない場合もある。

4.4.3　版・刷表示

体現形の版・刷表示とは、**体現形**に表示され、通常は、その**体現形**と以前に同一出版者・頒布者により刊行された関連する**体現形**との相違を示す語句（例：second edition、version 2.0 等）やその**体現形**と同時に同一出版者・頒布者または他の出版者・頒布者により刊行された関連する**体現形**との相違を示す語句（例：large print edition、British edition 等）である。版・刷表示は、おおよそ同一原版から製作され、同一出版者・頒布者または同一出版者・頒布者グループにより刊行された**体現形**のすべてのコピーにかかわるものである。

4.4.4　出版地・頒布地

体現形の出版地・頒布地とは、**体現形**において出版者名・頒布者名と結びついている市、町またはその他の場所である。出版地には、地名のみならず、州名、省名、領土名および（または）国名が含まれる場合がある。**体現形**は 1 またはそれ以上の出版地・頒布地に関連する場合がある。

4.4.5　出版者・頒布者

体現形の出版者・頒布者は、**体現形**の出版、頒布、発行あるいは公開に責任をもつものとして、**体現形**に明示されている個人、集団または組織である。**体現形**は 1 またはそれ以上の出版者・頒布者に関連する場合がある。

4.4.6　出版日付・頒布日付

体現形の出版日付・頒布日付とは、**体現形**の公開日付（通常は年）である。この日付は、出版または公開の単一日付の場合もあるし、一連の日付の場合（たとえば、逐次刊行物の場合）もある。出版または公開の日付として指示している日付が存在しない場合には、著作権表示日付あるいは印刷日付や製作日付が代替としての役割を果たす場合がある。

4.4.7 製作者

体現形の製作者とは、体現形の製作に責任をもつものとして体現形のなかで明示されている個人、集団または組織である。体現形は1またはそれ以上の製作者に関連する場合がある。

4.4.8 シリーズ表示

シリーズ表示とは、体現形に現われ、体現形が属するシリーズを命名する語、句、文字または文字の集合である。シリーズ表示には、シリーズ内における体現形の順序位置を示す番号もまた含まれる場合がある。体現形のなかで命名される1またはそれ以上のシリーズおよび（または）サブシリーズが存在する場合がある。

4.4.9 キャリアの形態

キャリアの形態とは、体現形の物理的キャリアが属する特定の資料種別である（例：録音カセット、ビデオ・ディスク、マイクロフィルム・カートリッジ、トランスペアレンシー等）。複数の物理的構成要素から成る体現形のキャリアには、2以上の形態が含まれる場合がある（例：小冊子付きのフィルムストリップ、フィルム用録音トラックを伴った独立した録音ディスク等）。

4.4.10 キャリアの数量

キャリアの数量とは、キャリアを構成している物理的単位の数量（シート数、ディスク数、リール数等）である。

4.4.11 物理的媒体

物理的媒体とは、キャリアの製作素材のタイプである（例：紙、木材、プラスチック、金属等）。この物理的媒体には、基本素材に加えて、ベースに適用されるすべての素材が含まれる（例：カンバス用油性塗料、フィルムベース用化学感光乳剤等）。複数の物理的構成要素から成る体現形の各要素は、異なるタイプの素材から製作される場合がある。

4.4.12 キャプチャー・モード

キャプチャー・モードとは、体現形の製作において、記号、音あるいは画像を記録するのに用いられる手段である（アナログ、音波、電気、デジタル、光学等）。

4.4.13 キャリアの大きさ

キャリアの大きさとは、**体現形**の物理的構成要素および（または）容器の寸法である。大きさは、高さ（例：18 cm 製本）、幅（例：8mm フィルム）、高さ×幅（例：5 x 5 cm スライド）、高さ×幅×奥行（例：9 x 30 x 20 cm 模型）、あるいは直径（例：30 cm ディスク）の寸法で構成される場合がある。

4.4.14 体現形識別子

体現形識別子とは、その**体現形**を一意に示す数字またはコードであり、他の**体現形**と区別するための役割を果たす。1つの**体現形**は、1またはそれ以上の識別子をもつ場合がある。この識別子は、国際的な番号・コードシステム（例：ISBN 等）の一部として付与される場合もあり、国内システム（例：法定納本番号）の一部として付与される場合もあり、**体現形**の出版者・頒布者により独自に付与される場合（例：政府刊行物番号、音楽出版者番号、クリアリング・ハウス蔵書番号等）もある。また、書誌作成者や音楽学者等により付与される場合もある。**体現形**識別子は、当該**体現形**に対して識別子をユニークなものとするために、付与システムや付与した機関・個人を識別する数的要素とテキストないしコード化要素の双方から構成される。

4.4.15 取得・アクセス認証ソース

体現形の取得・アクセス認証ソースとは、**体現形**を取得することができるソースあるいはアクセスを認証しているソースとしての、**体現形**のなかに示されている出版者名、頒布者名等である。取得・アクセス認証ソースには、通常、出版者、頒布者等の住所も含まれる。**体現形**は１またはそれ以上のソースに関連する場合がある。

4.4.16 入手条件

入手条件とは、**体現形**に表示されていて、供給者（すなわち、取得・アクセス認証ソース）が**体現形**を一般的に利用可能にする条件（例：特定協会の会員には無料）、あるいは**体現形**の販売価格である。

4.4.17 体現形のアクセス制限

アクセス制限とは、**体現形**へのアクセスと利用に関する制限である。アクセス制限は、著作権に基づく場合があり、また著作権者に対して法律で保障した保護範囲を越えて拡張される場合がある。

4.4.18 書体（印刷図書）

書体とは、図書を印刷するのに用いる活字の様式である（例：バスカビル（Baskerville）、タイムズ・ニュー・ローマン（Times New Roman）等）。

4.4.19 活字のサイズ（印刷図書）

活字のサイズとは、印刷図書における文字のサイズである（例：10 ポイント）。

4.4.20 丁付け（書写本）

書写本の丁付けとは、紙葉を折丁にするために、印刷紙につける折りの数を示したものである（例：2度折りで4つ折りを作るシート、3度折りで8つ折りを作るシート等）。

4.4.21 対照事項（書写本）

対照事項とは、図書における一連の折丁を示したものであり、各折丁の折記号によって指示される（例：AからDの折記号をもつ4つの折丁）。

4.4.22 刊行状況（逐次刊行物）

逐次刊行物として刊行される**体現形**の刊行状況とは、出版継続に関する逐次刊行物の状況である（例：現在刊行中か刊行を中止したかどうか）。

4.4.23 順序表示（逐次刊行物）

逐次刊行物として刊行される**体現形**の順序表示とは、**体現形**に現われる巻号等および（または）日付の表示である。順序表示は、数字、アルファベットおよび（または）日付の要素から成る（例：Volume 1, number 1 (January 1971)）。

4.4.24 再生速度（録音資料）

録音資料の再生速度とは、意図した音を産み出すためにキャリアを動かさなければならない速度である（例：33 1/3 rpm、19 cm/s 等）。

4.4.25 音溝幅（録音資料）

音溝幅とは、音盤やシリンダー上に刻まれた 1 インチあたりの溝数をいう（例：マイク

ログルーブすなわち1インチあたり200溝)。

4.4.26 カッティングの種別（録音資料）

カッティングの種別とは、音盤やシリンダー上で溝が刻まれる方向である（横方向、垂直等）。

4.4.27 テープの形状（録音資料）

テープの形状とは、録音テープのトラック数である（例：8トラック、12トラック）。

4.4.28 音響種別（録音資料）

音響種別とは、録音の際に用いられる録音チャンネル数を示したものである（モノラル、ステレオ、4チャンネル方式等）。

4.4.29 特殊な再生特性（録音資料）

特殊な再生特性とは、録音の際に用いられる等化システム、ノイズ抑制システム等である（例：NAB、DBX、Dolby等）。

4.4.30 色彩（画像）

色彩とは、画像の製作において用いられる色彩、色調等（モノクロを含む）である。

4.4.31 縮率（マイクロ資料）

縮率とは、テキストまたは画像がマイクロフィルム化の過程で縮小された度合いである（例：42x等）。縮率は縮率幅として示されることもある（例：超高縮率は、61xから90xの範囲での縮率を示す）。

4.4.32 極性（マイクロ資料または画像投影資料）

極性とは、フィルム上の画像の色彩および色調と、フィルム化された実物の色彩および色調との関連である。フィルム画像における色彩および色調が、フィルム化された実物の色彩および色調を直接的に反映している場合には、極性はポジである。色彩および色調が実物と逆の場合には、極性はネガである。2以上の画像から構成される**体現形**における画像の極性は混合的であることがある。

4.4.33 世代（マイクロ資料または画像投影資料）

世代とは、フィルム上の画像があるキャリアから他のキャリアに変換された回数を示したものである（例：第1世代のカメラ・マスター、第2世代の印刷マスター、第3世代のサービス・コピー等）。

4.4.34 映写方式（画像投影資料）

映写方式とは、投影画像の製作において用いられる方式である（例：ワイド・スクリーン、ベータ、VHS等）。

4.4.35 システム要件（電子資料）

電子資料に関するシステム要件には、ハードウェア（例：機械の型式、RAM容量等）、ソフトウェア（例：オペレーティング・システム、プログラム言語、支援ソフトウェア等）および周辺機器（モニター、プリンター、マウス等）に関する要件が含まれる。

4.4.36 ファイルの特性（電子資料）

電子資料に関するファイルの特性には、ファイルをコード化するのに用いられる規格や方式（例：ASCII、SGML等）、ファイルの物理的特性（例：記録密度、パリティ、ブロッキング等）、およびファイルを処理する方法に関係するその他の特性が含まれる。

4.4.37 アクセス方法（リモート・アクセス電子資料）

アクセス方法とは、リモート電子資料にアクセスする手段である（例：インターネット、WWW等）。

4.4.38 アクセス・アドレス（リモート・アクセス電子資料）

アクセス・アドレスとは、電子資料へのリモート・アクセスを容易にするために使用される英数字コード（例：ユニバーサル・リソース・ロケーター（URL））である。

4.5 個別資料の属性

本研究で定義する**個別資料**の論理的属性は、以下のとおりである。
- 個別資料識別子
- フィンガープリント

- **個別資料**の出所
- 銘・献辞
- 展示歴
- **個別資料**の状態
- 処理歴
- 処理計画
- **個別資料**のアクセス制限

（注）本研究のために定義する属性には、**個別資料**の貸出や整理のような一時的な性格をもつ業務処理に関連するものは含まれない。

4.5.1 個別資料識別子

個別資料識別子とは、**個別資料**とユニークに結びついている数字またはコードであり、同一コレクションおよび（または）同一機関における**個別資料**間を区別する役割を果たす（例：請求記号、受入番号、バーコード等）。通常、その番号は**個別資料**を所蔵する機関によって付与される。**個別資料**識別子には、**個別資料**が収蔵されている機関ないし収納庫を識別する名称やコードも含まれる場合があり、機関内の特定コレクションや下位組織単位（例：貴重書コレクション、分館等）を識別する番号やコードも含まれる場合がある。

4.5.2 フィンガープリント

フィンガープリントとは、印刷された**個別資料**の特定ページから転写した文字の集合を組み合わせることによって作られる識別子である。この技法は、主として初期刊本における個々のコピー間の相違を知らせるために用いられる。フィンガープリントを作るためにさまざまな方式がある（例：Institut de Recherche et d'Histoire des Textes（パリ）刊行の *Fingerprints = Empreintes = Impronte* で詳述されている方式）。

4.5.3 個別資料の出所

個別資料の出所とは、**個別資料**の以前の所有または管理に関する記録である。

4.5.4 銘・献辞

個別資料上の銘・献辞には、芸術家、製作者、所有者等により**個別資料**にユニークに施された署名、番号付け、解題等が含まれる。

4.5.5 展示歴

展示歴とは、**個別資料**の公開展示の記録であり、その日付、開催場所等が含まれる。

4.5.6 個別資料の状態

個別資料の状態とは、**個別資料**の物理的状態、特に**個別資料**とそれによって例示される**体現形**との間の物理的性質の一切の差異である（例：ページ、図版の欠落等）。状態は**個別資料**における物理的状態の他の側面をも示す場合がある（例：脆性、画像のぼやけ等）。

4.5.7 処理歴

処理歴とは、**個別資料**が受けた処理（例：脱酸、修復等）の記録である。処理歴には、処理過程の詳細（例：使用された化学溶剤、適用技法等）や処理実施日付等も含まれる場合がある。

4.5.8 処理計画

処理計画とは、**個別資料**の将来の処理（例：化学洗浄）に関する計画である。処理計画には、予定される処理過程の詳細や実施予定日も含まれる場合がある。

4.5.9 個別資料のアクセス制限

個別資料のアクセス制限とは、**個別資料**への物理的アクセスに関する一切の制限である（例：管理下のオンサイト利用に限定等）。

4.6 個人の属性

本研究で定義する**個人**の論理的属性は、以下のとおりである。
- 個人名
- 個人の日付
- 個人の称号
- 個人に関連するその他の付記事項

4.6.1 個人名

個人名とは、それによって**個人**が知られている語、文字、または語および（または）文字の集合である（例：Donald Horne、A. A. Milne、Ellery Queen 等）。個人名には、1ま

たはそれ以上の名（given names）、母称、父称、家族名（姓）、あだ名、王朝名等が含まれる。**個人**は、2以上の名前あるいは同一の名前の2以上の名前の形で知られていることがある。書誌作成機関は、通常、**個人**への名称付与や参照における一貫性を保つために、それらの名称の一つを統一標目として選定する。その他の名称や名称の形は、**個人**に対する異なる形の名称として取り扱うことができる。場合によっては（たとえば、2以上のペンネームで執筆している**個人**、あるいは職務上の権限でも個人としても執筆している**個人**の場合）、書誌作成機関は**個人**に対して2以上の統一標目を確立することがある。

4.6.2　個人の日付

個人に結びついた日付には、**個人**の生没年の正確なまたはおおよその日付、あるいはその**人物**が一定の活動領域において活躍していたことが知られている時代を示す日付が含まれる。

4.6.3　個人の称号

個人の称号とは、その**個人**に結びついた地位、官職、貴族階級、尊称等（例：Major、Premier、Duke 等）、あるいは呼称（Sir、Mrs.等）を示す語または語句である。

4.6.4　個人に関連するその他の付記事項

個人に関連するその他の付記事項とは、家族や王朝内での継承を示す数詞、単語、略語（例：III、Jr.等）、あるいは**個人**に関連する通称その他の語や句（例：the Brave、Professional Engineer 等）である。

4.7　団体の属性

本研究で定義する**団体**の論理的属性は、以下のとおりである。
- 団体名
- 団体に関連する番号
- 団体に関連する場所
- 団体に関連する日付
- 団体に関連するその他の付記事項

4.7.1　団体名

団体名とは、それによって**団体**が知られている語、句、文字、または語および（または）文字の集合である（例：Royal Aeronautical Society、IBM、Séminaire européen sur la recherche en éducation、Friedrich Witte 等)。団体は 2 以上の名称や同一名称の 2 以上の形で知られていることがある。書誌作成機関は、通常、団体への名称付与や参照における一貫性を保つために、それらの名称の一つを統一標目として選定する。その他の名称や名称の形は、団体に対する異なる形の名称として取り扱うことができる。場合によっては（たとえば、ある団体が歴史上、異なる時期に異なる名称で知られている場合)、書誌作成機関は団体に対して 2 以上の統一標目を確立することがある。

4.7.2　団体に関連する番号

団体に関連する番号とは、連続する関連した集会、会議、展示会、博覧会等の一つを構成する集会、会議、展示会、博覧会等を順序付ける番号表示、あるいは団体に関連するその他一切の番号表示である。

4.7.3　団体に関連する場所

団体に関連する場所とは、集会、会議、展示会、博覧会等が開催された市、町またはその他の所在地名、あるいはその他の点で団体に関連する所在地名である（例：ロサンゼルス（Los Angeles)、ブレトン・ウッズ（Bretton Woods)、オックスフォード大学（Oxford University）等)。団体に関連する場所には、地名のみならず、州名、省名、領土名および（または）国名が含まれる場合がある。

4.7.4　団体に関連する日付

団体に関連する日付とは、集会、会議、展示会、博覧会等が開催された日付や期間、あるいはその他の点で団体が関連する日付（例：創設年）である。

4.7.5　団体に関連するその他の付記事項

団体に関連するその他の付記事項とは、団体の法人組織または法的地位を示す語、句または略語（例：Inc.、Ltd.等)、あるいは他の団体、個人等からその団体を識別するのに役立つ用語（例：会社（firm)、音楽グループ（musical group）等）である。

4.8　概念の属性

本研究で定義する概念の論理的属性は、以下のとおりである。
・概念のための用語

4.8.1 概念のための用語

概念のための用語とは、**概念**を命名したり指示したりするために使用される語、句または文字の集合である（例：経済学（economics）、実存主義（existentialism）、放射能 radioactivity 等）。**概念**は複数の用語あるいは複数の用語の形によって指示される場合がある。書誌作成機関は、通常、**概念**を命名したり指示したりする場合に一貫性を保つために、それらの用語のうちの一つを統一標目として選択している。その他の用語あるいは用語の形は、その**概念**の異なる形の用語として取り扱うことができる。

4.9 物の属性

本研究で定義する**物**の論理的属性は、以下のとおりである。
・**物**のための用語

4.9.1 物のための用語

物のための用語とは、**物**を命名したり指示したりするために使用される語、句または文字の集合である（例：建築物（a building）、船舶（a ship）等）。**物**は複数の用語あるいは複数の用語の形によって指示されることがある。書誌作成機関は、通常、**物**を命名したり指示したりする場合に一貫性を保つために、それらの用語のうちの一つを統一標目として選択している。その他の用語あるいは用語の形は、その**物**の異なる形の用語として取り扱うことができる。

4.10 出来事の属性

本研究で定義する**出来事**の論理的属性は、以下のとおりである。
・**出来事**のための用語

4.10.1 出来事のための用語

出来事のための用語とは、**出来事**を命名したり指示したりするために使用される語、句または文字の集合である（例：ヘイスティングズの戦い（Battle of Hastings）、ツール・ド・フランス（Tour de France）等）。**出来事**は複数の用語あるいは複数の用語の形によって指示されることがある。書誌作成機関は、通常、**出来事**を命名したり指示したりする場合に一貫性を保つために、それらの用語のうちの一つを統一標目として選択している。その他の用語あるいは用語の形は、その**出来事**の異なる形の用語として取り扱うことができる。

4.11　場所の属性

本研究で定義する**場所**の論理的属性は、以下のとおりである。
- 場所のための用語

4.11.1　場所のための用語

　場所のための用語とは、**場所**を命名したり指示したりするために使用される語、句または文字の集合である（例：ロンドン（London）、セントローレンス川（St. Lawrence River）等）。**場所**は複数の用語あるいは複数の用語の形によって指示されることがある。書誌作成機関は、通常、**場所**を命名したり指示したりする場合に一貫性を保つために、それらの用語のうちの一つを統一標目として選択している。その他の用語あるいは用語の形は、その**場所**の異なる形の用語として取り扱うことができる。

第5章 関　　連

5.1 本モデルにおける書誌的関連

　知的・芸術的実体の創造者および出版者は、これらの実体間の関連を示すためにさまざまな用語を使用している。出版物やその他の資料において、「〜に基づいた」あるいは「〜の翻訳」といった表示とともに、「版」や「バージョン」といった用語をしばしば見かける。多くの場合、このような用語や表示は、関連を書誌レコードに反映すべきであることを目録作成者に示す合図として役立つ。書誌的関連を分析する出発点として一般に使用されている用語に依存することに伴う問題は、このような用語が、明確に定義されてもいなければ、統一して使用されてもいないという点にある。本研究における関連の検討は、本モデルで定義した実体のコンテキストにおいて行う。すなわち、ある**著作**と別**著作**の間、ある**表現形**と別**表現形**の間、**体現形**と**個別資料**の間などで作用する関連に限定して分析する。

　本モデルにおいて、関連は、ある実体と別実体とのリンクを描く媒介として、したがって書誌、目録あるいは書誌データベースで示される宇宙を利用者が「ナビゲートする」のを助ける手段として役立つ。通常、利用者は、自分が探している実体の 1 またはそれ以上の属性を使用して探索の定式化を行う。つまり、利用者が探している実体を見つけるのはその属性によってである。一方、書誌レコードに反映される関連は、利用者が発見する実体とその実体に関連する他の実体とを結びつける際の助けとなる付加的な情報を提供する。

　関連は書誌レコード上でさまざまに表現される。ある種の関連、特に第 3 章の実体関連図（図 3.1 から図 3.3）で描いたようなものは、単一の書誌レコードにおいて、ある実体の属性と関連する実体の属性とを単純につなぎ合わせることによってしばしば示される。たとえば、書誌レコードは、特定の**体現形**の属性を、その**体現形**のなかで具体化される**表現形**の属性や**表現形**を通して実現される**著作**の属性に結びつけるのが通例であろう。関連する実体を識別する標目を書誌レコードに付すことによって、関連が暗示的に示されることもしばしばある。たとえば、**著作**と**個人**または**団体**との関連は、**著作**に責任をもつ**個人**または**団体**を識別する標目を書誌レコードに付すことによって暗示的に示される。時には、ある実体の属性と関連する実体の属性とを「重ねる」ことにより関連が示されることがある（たとえば、集合的実体と個々の構成的実体の双方を記述する多段階レコードなど）。関連は、書誌レコードに記述する実体と他の実体との間に関連が存在することを示すだけでなく、関連の性質をも特記する注記や類似の仕組みによってもしばしば明示される（例：「1891 年版の英語テキストからの翻訳」など）。

　関連の両端にある実体をはっきりと確認できない場合は、本研究では、その関連は有効

でないことを念頭に置くことが重要である。たとえば、「ヘンリク・イプセン(Henrik Ibsen)の戯曲に基づいた」というのは、**著作**と著作の関連を有効に述べていないが、「ヘンリク・イプセンの「幽霊(*Ghosts*)」に基づいた」というのは有効に述べていることになる。

また、実体関連モデル内では、現実に作用するレベルでも、厳密な関連を容易に特定できないようなより一般的なレベルでも、ともに関連を示せることに留意することが重要である。たとえば、ジョイス(Joyce)の「フィネガンズ・ウェイク(*Finnegans Wake*)」のコンコーダンスは、実際には、特定のテキスト(すなわち**表現形**)の特定の具体化(すなわち**体現形**)に基づいているであろう。しかし、底本としたテキストの版が厳密にわからなければ、このコンコーダンスと、特定の**表現形**および(または)それに基づく**体現形**との関連を述べることは可能ではない。このような場合に可能なことは、コンコーダンスと「フィネガンズ・ウェイク」(すなわち**著作**)との関連を述べることだけである。したがって本モデルは、二つのレベルのどちらか一方で表現すべきある種の関連について、一つの選択肢を提供していることになる。

以下の節では、モデルで使用する関連とそれがどのように機能するかを説明する。

5.2 から 5.2.3 の節では、第 3 章のハイレベルの実体関連図(図 3.1 から図 3.3)で示した実体タイプ間の論理的な関連を説明する。この実体関連図では、一般化されたレベルで実体が互いにどのように結びついているか(すなわち、**著作**が**表現形**と、**個人**や**団体**と、**概念**、**物**、**出来事**とどのように結びついているかなど。また、**表現形**が**体現形**と、**個人**や**団体**とどのように結びついているかなど)を表わすために、それらの関連が簡略に示されている。より具体的なレベルでは、特定の**表現形**をそれによって実現される**著作**に、特定の**体現形**をそれによって具体化される**表現形**にリンクさせるために、同種の関連が使用される。

5.3 から 5.3.6.1 の節では、指定された実体インスタンス間でより具体的に作用する、四つの主要な実体(**著作**、**表現形**、**体現形**、**個別資料**)にかかわる別の関連の集合(たとえば、ある**著作**と別**著作**との関連、同一**著作**の二つの**表現形**間の関連、ある**著作**の**表現形**と別**著作**の**表現形**との関連など)について説明する。

5.2 ハイレベル図で描いた関連

第 3 章の実体関連図(図 3.1 から図 3.3)は、本モデルにおいて一般化が最も高いレベルの実体間の論理的な関連を示している。これらの図で描いた関連は、モデルにおいて異なるタイプの実体どうしが、論理的なレベルでどのように互いに結びついているか(すなわち、**著作**はどのように**表現形**と結びついているか、それらはどのように**個人**や**団体**と結びついているかなど)を簡略に示したものである。たとえば、**著作**を**表現形**にリンクさせる

線、すなわち「を通して実現される」と名づけた線は、**著作**は**表現形**を通して実現されることを一般的な用語で示している。

第3章（3.1.1から3.1.3までの節）で言及したように、モデルにおける実体は、三つのグループに分かれる。第1グループは、知的・芸術的活動の成果、すなわち、**著作**、**表現形**、**体現形**、**個別資料**から成る。第2グループは、そのような成果の知的・芸術的内容、生産および頒布、または管理に責任をもつ実体、すなわち、**個人**と**団体**から成る。第3グループは、第1、第2グループの実体と並んで、**著作**の主題として役立ち得る一組の付加的な実体、すなわち、**概念**、**物**、**出来事**、**場所**から成る。

5.2.1 著作・表現形・体現形・個別資料間の関連

図3.1で描いた、**著作**を**表現形**に、**表現形**を**体現形**に、そして**体現形**を**個別資料**にリンクさせる諸関連は、実体関連モデルの構造の中核である。三つの基本的な関連（すなわち、**著作**と**表現形**を結びつける「を通して実現される」関連、**表現形**と**体現形**を結びつける「のなかで具体化される」関連、**体現形**と**個別資料**を結びつける「によって例示される」関連）の各々は、ユニークな関連であり、モデルにおける実体の唯一の組合せの間で作用する。事実、三つの場合のすべてにおいて、リンクで示される諸関連は、関連にかかわる実体の定義にとって必須のものである。

これらの関連の第1は、**著作**が**表現形**「を通して実現される」ことを示している。反対の方向から見れば、**表現形**は**著作**の「実現であり」、事実上、**表現形**が実体としてどのように定義されているか（「**著作**の知的・芸術的実現」）を示している。関連のリンクを通してモデルに反映される**著作**と**表現形**との間の論理的結合は、個々の**表現形**によって実現される**著作**を識別するための基礎として、また1**著作**の全**表現形**がその**著作**にリンクすることを保証するための基礎として役立つ。**著作**とその**著作**のさまざまな**表現形**の間の関連は、間接的にその**著作**のさまざまな**表現形**どうしの潜在的な「兄弟」（sibling）の関連を確定するのにも役立つ。

  例
   著作1 Charles Dickensの *A Christmas carol*
    表現形2 著者オリジナルの英語テキスト
    表現形2 V. A. Venkatachariによるタミール語への翻訳
     …

同様に、**表現形**が**体現形**「のなかで具体化される」、または逆に**体現形**が**表現形**の具体化であることを示す、**表現形**を**体現形**と結びつける関連は、**体現形**の定義（「**表現形**の物理的具体化」）を反映している。この場合、論理的結合は、個々の**体現形**で具体化される**著作**の

表現形を識別するための基礎として、また同一の表現形の全**体現形**がその表現形にリンクすることを保証するための基礎として役立つ。ある**表現形**とその**表現形**のさまざまな**体現形**との間の関連は、間接的にその**表現形**のさまざまな**体現形**どうしの潜在的な「兄弟」の関連を確定するのにも役立つ。

 例
  著作1 J. S. Bach の *Goldberg variations*
   表現形1 1981 年に録音された Glen Gould による演奏
    体現形1 1982 年に CBS Records が 33 1/3 rpm の録音ディスクでリリースした録音
    体現形2 1993 年に Sony がコンパクト・ディスクで再リリースした録音
    …

 同じことが、**体現形**を**個別資料**と結びつける「によって例示される」関連に当てはまる。これもまた**個別資料**の定義（「**体現形**の単一の例示」）にとって必須な、ユニークな関連である。その論理的結合は、個々の**個別資料**によって例示される**体現形**を識別するための基礎として、また同一の**体現形**の全コピー（すなわち**個別資料**）がその**体現形**にリンクすることを保証するための基礎として役立つ。ある**体現形**とその**体現形**を例示するさまざまな**個別資料**との間の関連は、間接的にその**体現形**のさまざまなコピー（すなわち**個別資料**）どうしの潜在的な「兄弟」の関連を確定するのにも役立つ。

 例
  著作1 *Lost treasures of the world*
   表現形1 双方向性電子資料
    体現形1 1994 年に Follgard CD-Visions が刊行した電子光ディスク
     個別資料1 Calgary Public Library 所蔵の第1コピー
     個別資料2 Calgary Public Library 所蔵の第2コピー

 著作、**表現形**、**体現形**および**個別資料**間の関連は、実体関連図に分割して描いているが、論理的にはそれらは連鎖するものとして作用する、という点に留意すべきである。すなわち、**著作**から**表現形**への関連が**表現形**から**体現形**への関連に通じ、この二つの関連が続いて**体現形**から**個別資料**への関連に通じる。このようにして**表現形**とその**表現形**を具体化する**体現形**との間が関連づけられるとき、**表現形**がそれが実現する**著作**にリンクしていれば、その**体現形**は同時に**表現形**を通して実現される**著作**に論理的にリンクすることになる。

5.2.2 個人および団体との関連

 第2グループにおける実体（**個人**と**団体**）は、次の四つの関連タイプ、すなわち、**個人**

と団体の双方を**著作**にリンクさせる「創造」（created by）の関連、この二つの実体を**表現形**にリンクさせる「実現」（realized by）の関連、それらを**体現形**にリンクさせる「製作」（produced by）の関連、それらを**個別資料**にリンクさせる「所有」（owned by）の関連によって、第1グループにリンクする。

「創造」の関連は、ある**著作**をその**著作**の知的・芸術的な内容の創造に責任をもつ**個人**にリンクさせることがあり、ある**著作**をその**著作**に責任をもつ**団体**にリンクさせることもある。**著作**とそれに関連する**個人**または**団体**との論理的結合は、個々の**著作**に責任をもつ**個人**または**団体**を識別するための基礎として、また特定の**個人**または**団体**による全**著作**が、その**個人**または**団体**にリンクすることを保証する基礎として役立つ。

 例
  個人1 Edmund Spenser
   著作1 *The shepheardes calender*
   著作2 *The faerie queen*
   著作3 *Astrophel*
    ...

「実現」の関連は、**表現形**を**著作**の実現に責任をもつ**個人**または**団体**にリンクさせることがある。それは作用において「創造」の関連に似ているが、実体としての**著作**と**表現形**との間の相違に対応して、関連の性質における相違を含んでいる。**著作**の知的・芸術的内容に責任をもつ**個人**または**団体**は、抽象的な実体としての**著作**の概念に責任をもつ。**著作**の**表現形**に責任をもつ**個人**または**団体**は、**表現形**の知的・芸術的な表現または実行の細部に責任をもつ。**表現形**とそれに関連する**個人**または**団体**との論理的結合は、個々の**表現形**に責任をもつ**個人**または**団体**を識別するための基礎として、またある**個人**または**団体**により表現された全**表現形**が、その**個人**または**団体**にリンクすることを保証する基礎として役立つ。

 例
  団体1 The Tallis Scholars
   表現形1 演目をAllegriの*Miserere*とした1980年の演奏
   表現形2 演目をJosquinの*Missa pange lingua*とした1986年の演奏
   表現形3 演目をLassusの*Missa osculetur me*とした1989年の演奏
    ...

「製作」の関連は、ある**体現形**をその**体現形**の出版、頒布、製作または製造に責任をもつ**個人**または**団体**にリンクさせることがある。**体現形**とそれに関連する**個人**または**団体**との論理的結合は、**体現形**の製作または普及に責任をもつ**個人**または**団体**を識別するための

基礎として、またある**個人**または**団体**により製作されるか普及された全**体現形**が、その**個人**または**団体**にリンクすることを保証する基礎として役立つ。

 例
  団体 1 Coach House Press
   体現形 1 1965 年の Coach House Press による出版物 Wayne Clifford の *Man in a window*
   体現形 2 1966 年の Coach House Press による出版物 Joe Rosenblatt の *The LSD Leacock*
   体現形 3 1966 年の Coach House Press による出版物 Henry Beissel の *New wings for Icarus*
   …

「所有」の関連は、ある**個別資料**をその**個別資料**の所有者または管理者である**個人**または**団体**にリンクさせることがある。**個別資料**とそれに関連する**個人**または**団体**との論理的結合は、**個別資料**を所有するか管理する**個人**または**団体**を識別するための基礎として、また特定の**個人**または**団体**により所有されるか管理される全**個別資料**［原文：**体現形**］が、その**個人**または**団体**にリンクすることを保証する基礎として役立つ。

 例
  団体 1 Princeton University Library
   個別資料 1 1869 年 8 月に印刷された D. G. Rossetti の *Poems* の"Penkill Proofs"のコピーで著者の手書き注釈付
   個別資料 2 1869 年 9 月に印刷された D. G. Rossetti の *Poems* の"A Proofs"のコピーで著者の手書き注釈付
   …

5.2.3　主題の関連

　三つのすべてのグループにおける実体は、主題という関連によって**著作**という実体に結びついている。

　「主題」(has as subject) の関連は、モデルにおける**著作**自体も含めたどの実体も、**著作**の主題であり得ることを示している。やや異なる言い方をすれば、その関連は、**著作**が**概念**、**物**、**出来事**または**場所**に関するものであり得るし、**個人**または**団体**に関するものであり得るし、**表現形**、**体現形**または**個別資料**に関するものであり得るし、他の**著作**に関するものであり得ることを示している。**著作**とそれに関連する主題という実体の間の論理的結合は、個々の**著作**の主題を識別するための基礎として、また特定の主題に関連する全**著作**

がその主題にリンクすることを保証する基礎として役立つ。

　例
　　概念 1　ロマン主義
　　　著作 1　Morse Peckham の *Beyond the Tragic Vision*
　　　著作 2　Northrop Frye 編の *Romanticism reconsidered*
　　　　…

5.3　第 1 グループ実体間のその他の関連

　表 5.1 から表 5.11 までは、図 3.1 のハイレベルの実体関連図に描かなかった、第 1 グループ実体間の付随的な関連を概観している。これらの表は、同タイプの実体インスタンス間で、または異なるタイプの実体インスタンス間で作用する関連の主要なタイプを確認し、各々の関連タイプに典型的に関係する具体的な種類の実体例を記載している。ただし網羅的であることを意味しない。関連の記述を容易なものとするために、各々の関連を論理的な関連タイプに区分し、各区分に関連タイプの名称を与えた。しかしながら、この研究の第 1 の目的は、関連をより高いレベルでまとめることにはなく、むしろ慣習的な用語やカテゴリーを「解体」することによって書誌的関連の性質を記述することにあり、モデルにおける四つの基本的な実体（すなわち、**著作**、**表現形**、**体現形**、**個別資料**）のコンテクストで、関連がどのように作用するかを示すことにある。

　以下に掲げる表の構成は次のとおりである。左の欄には、各表の見出し（下の表では「**体現形**と**体現形**の関連」）で明記している実体タイプ間で作用する関連のさまざまなタイプを示している。また関連タイプごとに、実体関連図に示されるような定式化された関連についての一対の説明がある。一対の最初の説明は、第 1 の実体から第 2 の実体へ導く関連を示し、第 2 の説明は、第 2 の実体から第の 1 実体へ導く相互的な関連を示している。右の欄には、各関連タイプにおいて第 2 の実体の位置を典型的に占める種類の実体例を挙げている。

体現形と体現形の関連

関連タイプ	体現形
複製（Reproduction） 　複製をもつ→ 　←の複製である	複製（Reproduction） マイクロ複製（Microreproduction） マクロ複製（Macroreproduction） リプリント（Reprint） 写真オフセット・リプリント（Photo-offset reprint） 復刻（Facsimile）

上の表で「複製」と命名した関連タイプの下での最初の説明（複製をもつ→）は、関連における第 1 の**体現形**から第 2 の**体現形**へ導く関連を示している。この場合、第 2 の**体現形**は一般に右欄に列挙された種類の実体（マイクロ複製、リプリント、復刻など）の一つである。相互的関連の説明（←の複製である）は、第 2 の**体現形**（すなわち、マイクロ複製、リプリント、復刻など）から第 1 の**体現形**（複製された**体現形**）へ導く関連を示している。**著作、表現形、体現形、個別資料**間の暗示的な関連を示すために、例に使用した記号法を拡張して、上の表における関連を次の例により示すことにする。

　　　体現形 1［第 1 の体現形］
　　　　　複製をもつ→
　　　　　←の複製である
　　　体現形 2［第 2 の体現形］

　表によって、例の欄が一つのみの場合と、実体が二つのカテゴリー（たとえば、従属と独立）に区分されて例の欄が二つある場合がある。いくつかのインスタンスで例を二つのカテゴリーに区分する理由およびカテゴリー間の区別については、以下の各節で説明する。

5.3.1　著作と著作の関連

　表 5.1 は、著作と著作の関連の種類を示している。

　著作と**著作**の関連の基本的な前提は、二つの異なる**著作**が存在すると認識されていること、すなわち、1 **著作**の知的・芸術的内容が、単独の**著作**を構成するのに十分なほど他と異なると判断されていることである。

　表 5.1 に示されている**著作**と**著作**の関連には二つのカテゴリーがある。参照的な性質の**著作**にかかわるものと、自立的**著作**にかかわるものとである。参照的**著作**は、他の**著作**と密接な関連があって、その**著作**のコンテクスト外ではほとんど価値がないものであり、自立的**著作**は、利用し理解するために他の**著作**への参照を必要としないものである。

　「参照的**著作**」と名づけた表 5.1 の中央の欄は、関連する他の**著作**への参照なしにはほとんど有用でないか意味をもたない**著作**のさまざまな種類を示している。このカテゴリーには、理解するために先行**著作**に依存する続編、**著作**に対する索引とコンコーダンス、カデンツァなどが属する。

　　　例
　　　著作 1　Homer の *Iliad*
　　　　　　コンコーダンスをもつ→

　　　　←のコンコーダンスである
　　著作2　G. L. Prendergast の *A complete concordance to the Iliad of Homer*

表5.1　著作と著作の関連

関連タイプ	参照的著作	自立的著作
後継（Successor） 　後継をもつ→ 　←後継である	続編（Sequel）	続編 続きの著作（Succeeding work）
補遺（Supplement） 　補遺をもつ→ 　←補遺である	索引（Index） コンコーダンス 　　（Concordance） 教師用ガイド 　　（Teacher's guide） 注釈書（Gloss） 補遺 付録（Appendix）	補遺 付録
追補（Complement） 　追補をもつ→ 　←追補である	カデンツァ（Cadenza） 台本（Libretto） 振付け（Choreography） 未完著作の結末（Ending for unfinished work）	付随音楽（Incidental music） テキストに伴う音楽（Musical setting for a text） 附属物（Pendant）
要約（Summarization） 　要約をもつ→ 　←要約である		ダイジェスト（Digest） 抄録（Abstract）
改作（Adaptation） 　改作をもつ→ 　←改作である		翻案（Adaptation） パラフレーズ（Paraphrase） 自由翻訳（Free translation） 変奏曲（Variation(music)） 合唱曲（Harmonization(music)） 幻想曲（Fantasy(music)）
変形（Transformation） 　変形をもつ→ 　←変形である		戯曲化（Dramatization） 小説化（Novelization） 韻文化（Versification） 映画化（Screenplay）
模造（Imitation） 　模造をもつ→ 　←模造である		パロディー（Parody） 模造 戯作（Travesty）

　「自立的著作」と名づけた表5.1の右の欄は、別著作への関連をもつが、その著作への参照なしに利用し理解できる著作のさまざまな種類を示している。このカテゴリーには、抄録、翻案［訳注：改作という関連タイプに属する自立的著作の一つ］、戯曲化、パロディーなどとともに、自立的な後継および補遺が属する。

例
　　著作1　W. A. Mozart の *Don Giovanni*
　　　　　　翻案をもつ→
　　　　　　←の翻案である
　　著作2　Joseph Losey の映画 *Don Giovanni*
　　著作1　ウェールズの軍需品調査地図
　　　　　　翻案をもつ→
　　　　　　←の翻案である
　　著作2　ウェールズの行政区域図

　関連の三つのタイプ、すなわち後継、補遺、追補は、参照的カテゴリーと自立的カテゴリーの双方にわたる。後継のタイプは、1著作から他著作へと内容の一種の直線的な進行を意味する。ある場合には、後継の内容が先行著作の内容に密接に結びついていて、その結果、参照的著作となることがある。一方、緩く結びついた三部作の部分のように、後継が自立的となる場合がある。先行誌の合併または分離に由来し、先行誌への参照を必要とせずに自立する逐次刊行物もまた、後継タイプの関連に属する自立的著作の例である。

例
　　著作1　*The British journal of social and clinical psychology*
　　　　　　に一部が継続される→
　　　　　　←の一部を継続する
　　著作2　*The British journal of social psychology*

　補遺という関連タイプに属するのは、別著作と結合して利用されることを意図している著作である。索引、コンコーダンス、教師用ガイド、注釈書、電子資料の使用法マニュアルのように、補遺のあるものは、関連著作の内容と密接に結びついているので、他の著作なしには役に立たない。そのような著作は定義上、参照的である。補遺と付録はしばしば参照的カテゴリーに属するが、関連著作への参照なしに利用することができれば、それらは自立的カテゴリーに属する。

例
　　著作1　*Annual report of the Librarian of Congress*
　　　　　　補遺をもつ→
　　　　　　←の補遺である
　　著作2　The Library of Congress の *Quarterly journal of current acquisitions*

　関連の第3のタイプである追補に属するのは、関連著作に結合するか挿入することを意図する著作である。言い換えれば、ある方法で他の著作と統合することを意図しつつも、

元来は先行著作の構想の一部ではなかったものである。後継や補遺のように、追補のあるものは、別著作への参照なしにそれ自体として利用あるいは理解することができ（すなわち自立的）、またあるものは、別著作の理解を必要としている（すなわち参照的）。

 例
  著作1 William Plomer の *Curlew River*
    テキストに伴う音楽（musical setting）をもつ→
    ←に対するテキストに伴う音楽（musical setting）である
  著作2 *Curlew River* に対する Benjamin Britten のテキストに伴う音楽

　自立的カテゴリーにも四つの付加的な関連タイプのグループがある。すなわち、要約、改作、変形、模造である。これらのグループに代表される著作の種類には、すべて単に同一著作の異なる表現形ではなく、新著作とみなされるのを保証する程度に十分な原著作の改変がかかわっている。これらの四つのグループのどれかに属する著作は、いずれも、定義上、自立的であるとみなされる。

 例
  著作1 Karl Rosenkrantz の *Paedagogik als System*
    パラフレーズをもつ→
    ←のパラフレーズである
  著作2 Anna C. Brackett の *The science of education*
  著作1 Charles Dickens の *Pickwick papers*
    戯曲化をもつ→
    ←の戯曲化である
  著作2 W. T. Moncrieff の *Sam Weller*

　参照的カテゴリーに属する著作と自立的カテゴリーに属する著作との区別の意義は、書誌レコードにおいて関連を反映させることの相対的な重要性を考えれば明白である。著作と著作の関連の相対的有用性という観点から見ると、後継、補遺あるいは追補の有意義な利用法は他の著作の内容に大きく依存するため、参照的な後継、補遺、追補とそれが関連する著作との関連に関する情報を提供することはきわめて重要であろう。他方、自立的著作に関しては、先行著作の理解は有用ではあるものの、続編、補遺あるいは追補を理解したり利用したりすることは不可欠ではないであろう。同じことは要約、改作、変形および模造についても言える。したがって、自立的著作にとっては、書誌レコードに関連を明示することはそれほど重要ではない。

　上記の例から、ある著作を参照的とみなすべきか自立的とみなすべきかを明確に示すには、出版者が使用する用語ではしばしば不十分であることが明らかであろう。続編、補遺、

付録と特徴づけられる**著作**は、どのカテゴリーにも属し得る。目録作成者は、当該**著作**が関連**著作**への参照とともにのみ利用し得るか、独立に利用し理解し得るかを判断しなければならない。

5.3.1.1 著作レベルにおける全体と部分の関連

表 5.2 は、**著作**のレベルにおける全体と部分の関連を示している。

表 5.2 全体と部分の著作間の関連

関連タイプ	従属部分	独立部分
全体と部分 　部分をもつ→ 　←部分である	章、節、部分など 逐次刊行物の巻号 複数部分から成る著作の知的部分 テキストの挿図 映画の音楽部分	シリーズ中のモノグラフ 雑誌記事 複数部分から成る著作の知的部分

全体と部分の関連には二つのカテゴリーがある。従属部分にかかわるものと、独立部分にかかわるものとである。<u>従属部分</u>は、より大きな**著作**のコンテクストで利用されることを意図した**著作**の構成要素であり、その意味の多くに関して、より大きな**著作**によって与えられるコンテクストに依存している。従属した構成要素は、一般に、独特の名称・タイトルをもたないため、より大きな**著作**を参照しなければ、しばしば識別するのが困難である。<u>独立部分</u>は、その意味に関して、より大きな**著作**によって与えられるコンテクストに全く依存しない。独立部分は概して独特の名称・タイトルをもつ。両者とも、全体を代表する**著作**は独立の**著作**であることが前提にされている。

従属カテゴリーそれ自体は、**著作**の内容の分節的部分（segmental parts）と系統的部分（systemic parts）という二つの副次的カテゴリーに分かれる。分節的部分とは、**著作**の分離した構成要素で、その内容が全体のなかで別個のものとして識別できる分節として存在するものである。**著作**の分離した構成要素には、序文、章、節、部分などがある。

　例

　　著作 1　*Precis in a multilingual context*
　　　著作 1.1　Part 1: Derek Austin の *Precis - an overview*
　　　著作 1.2　Part 2: Jutta Sorensen と Derek Austin の *A linguistic and logical explanation of the syntax*
　　　著作 1.3　Part 3: Jutta Sorensen と Derek Austin の *Multilingual experiments, proposed codes, and procedure for the the Germanic languages*

一方、**著作**の系統的部分は、**著作**の内容の区切られた分節と見ることはできない。というよりは、系統的部分は、**著作**の他の部分の内容にまで拡張し相互に絡み合う不可分なイメージである。本文に対する挿図や映画の撮影フィルムが不可分な性質をもつ一例である。それらは全体の知的・芸術的部分として識別し議論することはできるが、分節的部分と異なり、独立した内容の連続的な部分を表現するものではない。

書誌レコードにおいて**著作**の従属部分を個々に識別ないし記述する理由は、頻繁には存在しないであろう。しかしながら、序文や序説が、本文の主要部分の著者以外の著名な著者により執筆されたような場合には、構成要素を独立に識別し記述することは有用とみなすことができる。従属部分は定義上、より大きな**著作**のコンテクストに置く必要があるため、形式上分節することが可能な場合には、より大きな**著作**を記述する書誌レコードに、構成要素に関する副出記入を追加することによって関連づけることが、一般的である。さもなければ、内容注記を通じてさして形式的にではなく関連を示すことができる。

著作の独立部分は、それ自体が識別され記述されることがはるかに多い。このカテゴリーには、モノグラフシリーズ中のモノグラフ（シリーズが全体を代表する）、雑誌中のまたはその諸号中の論文（雑誌が全体を代表する）、または複数部分から成る**著作**中やキット中の独立した知的構成要素で、それが当該キットの他の構成要素によって与えられるコンテクスト外で価値をもつものが含まれる。独立カテゴリーには、聖書における書（books）などのように、一般により大きな**著作**の部分と認識されているものも含む。

 例
  著作 1 D.Bruce Sealey のマルチメディア版 *Tawow*
   著作 1.1 Emma La Rogue の *Defeathering the Indian*
    …

5.3.2　表現形と表現形の関連

表 5.3 と表 5.4 は、異なる種類の**表現形**と**表現形**の関連を示している。

表現形と**表現形**の関連は、関連をもつ各**表現形**が同一**著作**の**表現形**である場合と、関連をもつ各**表現形**が異なる**著作**の**表現形**である場合の二つに大別される。

<u>同一</u>**著作**の**表現形**間の関連（表 5.3）は、ある**表現形**が別の**表現形**から派生する場合に生じる。このタイプの関連では、ある**表現形**は他の**表現形**の改変であるとみなされる。改変には次のような場合がある。以前の**表現形**の知的内容をできる限り正確に翻訳することを意図している逐語訳（モデルでは、自由訳は新しい**著作**として扱われることに注意）、以前の**表現形**の内容を変更または更新することを意図しているが、新しい**著作**となるほどの内

容の変更を意図していない改訂、以前の**表現形**の内容を幾分削除しているが、結果として新しい**著作**となるまでにはいたっていない縮約、あるいは楽曲の編曲。このような改変を受けた**表現形**は、本来自立的であるのが一般である（すなわち、それらを利用し理解するために、以前の**表現形**への参照を必要としない）。

表5.3 表現形と表現形の関連

同一著作の表現形間の関連		
関連タイプ	参照的表現形	自立的表現形
縮約（Abridgement） 　縮約をもつ→ 　←縮約である		縮約版（Abridgement） 要約版（Condensation） 削除版（Expurgation）
改訂（Revision） 　改訂版をもつ→ 　←改訂版である		改訂版（Revised edition） 増補版（Enlarged edition） 刷（静止画）（State(graphic)）
翻訳（Translation） 　翻訳をもつ→ 　←翻訳である		逐語訳（Literal translation） トランスクリプション（音楽） 　　（Transcription(music)）
編曲（Arrangement(music)） 　編曲をもつ→ 　←編曲である		編曲

　例
　　著作1　Charles Dickens の *A Christmas carol*
　　　表現形1　オリジナルの英語版テキスト
　　　　　　　翻訳をもつ→
　　　　　　　←翻訳である
　　　表現形2　V. A. Venkatachari によるタミール語の翻訳

　　著作1　B. Bartok の *Four small dances*
　　　表現形1　作曲者によるオーケストラのためのオリジナル・スコア
　　　　　　　編曲をもつ→
　　　　　　　←編曲である
　　　表現形2　G. Darvas によるジュニア弦楽オーケストラのための編曲

表 5.4 表現形と表現形の関連（続き）

異なる著作の表現形間の関連		
関連タイプ	参照的表現形	自立的表現形
後継（Successor） 　後継をもつ→ 　←後継である	続編（Sequel）	続編 続きの著作（Succeeding work）
補遺（Supplement） 　補遺をもつ→ 　←補遺である	索引（Index） コンコーダンス（Concordance） 教師用ガイド（Teacher's guide） 注釈書（Gloss） 補遺（Supplement） 付録（Appendix）	補遺 付録
追補（Complement） 　追補をもつ→ 　←追補である	カデンツァ（Cadenza） 台本（libretto） 振付け（Choreography） 未完著作の結末（Ending for unfinished work）	付随音楽（Incidental music） テキストに伴う音楽（Musical setting for a text） 附属物（Pendant）
要約（Summarization） 　要約をもつ→ 　←要約である		ダイジェスト（Digest） 抄録（Abstract）
改作（Adaptation） 　改作をもつ→ 　←改作である		翻案（Adaptation） パラフレーズ（Paraphrase） 自由翻訳（Free translation） 変奏曲（Variation(music)）
変形（Transformation） 　変形をもつ→ 　←変形である		戯曲化（Dramatization） 小説化（Novelization） 映画化（Screenplay）
模造（Imitation） 　模造をもつ→ 　←模造である		パロディー（Parody） 模造

　異なる著作の表現形における表現形と表現形の関連（表5.4）には、著作と著作の関連レベルで作用するのと同一の関連タイプが含まれる。異なるタイプとしては、後継、補遺、追補の関連が、表現形レベルにおいて最も一般的に示されるタイプである。たとえば、補遺に関する書誌レコードの注記において、補遺の本体となる先行著作の特定の版（すなわち表現形）を参照する場合がある。その場合、留意すべき重要な点は、表現形により表現される著作は、参照的と自立的のどちらにもなり得るという点である。表現形と表現形の

関連が有効であるかどうかの判断は、表現される**著作**が参照的か自立的かに基づくことになるであろう。

　要約、改作、変形、模造については、先行する**著作**の特定の**表現形**への関連を示すことは、おそらくそれほど一般的ではない。それにもかかわらず、情報が容易に入手し得る場合には、そのレベルにおける関連を示すことは有用な場合がある。たとえば、「William Caxton の 1485 年版テキストに基づく John Barton による翻案」である。

5.3.2.1　表現形レベルでの全体と部分の関連

　表現形レベルでの全体と部分の関連（表 5.5）は、**著作**レベルの場合と同様の一般的タイプの関連である。しかしながら、**表現形**の構成要素として認識される特定種類の部分は、**著作**の構成要素として認識されるものとは幾分異なっているであろう。たとえば、目次、参照リスト、索引は、通常、**表現形**の特定部分への参照であるため、**表現形**の一部とみなされるであろう。

表 5.5　全体と部分の表現形間の関連

関連タイプ	従属部分	独立部分
全体と部分 　部分をもつ→ 　←部分である	目次など 逐次刊行物の巻号 テキストの挿画 映画の音響面 修正	シリーズ中のモノグラフ 雑誌記事 複数部分から成る著作の知的部分

5.3.3　表現形と著作の関連

　表 5.6 は、ある**著作**の**表現形**と別の**著作**の間に示すことができる種類の関連を示している。

　この関連は、**著作**と**著作**の関連と同様の一般的タイプの関連である。要約、改作、変形、模造と同様に、後継、補遺、追補の関連も存在するであろう。しかしながら、各々の場合、より特定的な**表現形**レベルが、より一般的な**著作**レベルに関連している。**表現形**レベルから**著作**レベルへ関連を導くことがごく一般に行われるのは、ほとんどの場合、特定の**表現形**と**表現形**の関連が容易に決定できないからである。たとえば、特定のテキスト（すなわち**表現形**）が戯曲化や映画化の基礎として使用されていると確定するのは困難な場合がある。このような場合、その著作の特定の**表現形**に言及するのではなく、単に関連**著作**にのみ言及する注記あるいは副出記入の形式によって、関連が表現されることが多い。

著作と著作の関連と同様に、書誌レコードに表現形と著作の関連を反映させることの重要性を決定するのは、表現形が表現する著作の性質であろう。表現形により表現される著作が参照的である場合には、他の著作との関連を示すことはより重要なものとなるであろう。著作が自立的である場合には、関連を示すことはそれほど重要ではない。

表5.6　表現形と著作の関連

関連タイプ	参照的表現形	自立的表現形
後継（Successor） 　後継をもつ→ 　←後継である	続編（Sequel）	続編 続きの著作（Succeeding work）
補遺（Supplement） 　補遺をもつ→ 　←補遺である	索引（Index） コンコーダンス（Concordance） 教師用ガイド（Teacher's guide） 注釈書（Gloss） 補遺（Supplement） 付録（Appendix）	補遺 付録
追補（Complement） 　追補をもつ→ 　←追補である	カデンツァ（Cadenza） 台本（libretto） 振付け（Choreography） 未完著作の結末（Ending for unfinished work）	付随音楽（Incidental music） テキストに伴う音楽（Musical setting for a text） 附属物（Pendant）
要約（Summarization） 　要約をもつ→ 　←要約である		ダイジェスト（Digest） 抄録（Abstract）
改作（Adaptation） 　改作をもつ→ 　←改作である		翻案（Adaptation） パラフレーズ（Paraphrase） 自由翻訳（Free translation） 変奏曲（Variation(music)）
変形（Transformation） 　変形をもつ→ 　←変形である		戯曲化（Dramatization） 小説化（Novelization） 映画化（Screenplay）
模造（Imitation） 　模造をもつ→ 　←模造である		パロディー（Parody） 模造

5.3.4　体現形と体現形の関連

表5.7は、体現形と体現形の関連を示している。

表 5.7　体現形と体現形の関連

関連タイプ	体現形
複製（Reproduction） 　複製をもつ→ 　←複製である	複製（Reproduction） マイクロ複製（Microreproduction） マクロ複製（Macroreproduction） リプリント（Reprint） 写真オフセット・リプリント（Photo-offset reprint） 復刻（Facsimile） ミラー・サイト（Mirror site）
代替（Alternate） 　代替をもつ→ 　←代替である	形態の異なる代替（Alternate format） 同時刊行版（Simultaneously released edition）

体現形と**体現形**の関連が通常扱うのは、同一**表現形**の**体現形**である。

　複製の関連は、以前の**体現形**に対する複製の忠実度の多様性にかかわっている。さまざまな種類の複製がこのカテゴリーに含まれる。実際には、マイクロ形態の複製は、原**体現形**の特定コピー（すなわち**個別資料**）から製作されるのが通例であるが、この関連を、マイクロ形態の**体現形**と、マイクロ形態の基礎となった現実のコピーによって代表される紙媒体の**体現形**との間の関連とみなすのが慣習である。この種の複製で重要な点は、以前の**体現形**の外観や感触の復元を意図せずに、同一の知的・芸術的内容を後続の**体現形**で表現している点である。リプリントでは、第 1 の意図が知的・芸術的内容の再発行である、という別の状況を示す。リプリントの場合は、過程によっては、原**体現形**と同一の物理的な特徴を多くもつ**体現形**が、結果として現われるのを前提とすることがある。しかし、多くはそれが主たる目的ではない。復刻の場合は、同一内容の保存のみならず、以前の**体現形**の外観や感触の保存もまた、その明確な意図である。

　例
　　著作 1　Clement Rayner の *A treatise of indulgences*
　　　表現形 1　著者の原テキスト
　　　　体現形 1　1623 年に John Heigham が刊行した図書
　　　　　　複製をもつ→
　　　　　　　←複製である
　　　　体現形 2　1973 年に Scolar Press が刊行した復刻・リプリント

　代替の関連は、互いに代替として効果的に機能する**体現形**を扱う。代替の関連は、たとえば、出版物、録音資料、ビデオ資料などが、1 またはそれ以上の形態で発行される場合に、または異なる国の異なる出版者から同時にリリースされる場合に成立する。

例

　著作1　Lyle Lovett の *The road to Ensenada*
　　表現形1　アルバム用に録音された作詞家の演奏
　　　体現形1　1996年にMCAレコードからリリースされたカセット・テープ
　　　　　　代替をもつ→
　　　　　　←代替である
　　　体現形2　1996年にMCAレコードからリリースされたCD録音

5.3.4.1　体現形レベルにおける全体と部分の関連

表5.8は、**体現形**レベルにおける全体と部分の関連を示している。

表5.8　体現形間の全体と部分の関連

関連タイプ	体現形
全体と部分 　部分をもつ→ 　←部分である	2巻以上から成る体現形の1巻 映画フィルムに対する独立媒体のサウンドトラック 映画フィルムに埋め込まれたサウンドトラック

　体現形によって表現されるような物理的内容は、知的内容を**著作**と**表現形**の場合に区分することができるのとほぼ同じ方法で区分することができる。**体現形**レベルでの構成要素は、**体現形**の別々の物理的単位であることがある。『戦争と平和』の3巻本の第2巻は**体現形**の構成要素である。同様にCD-ROMに付いている使用説明書は**表現形**の構成要素である。**体現形**の構成要素は、フィルムに固着されているサウンドトラックのように、全体から物理的に切り離すことができない**体現形**の統合的単位の部分であることもある。

例

　著作1　*Minnesota politics and government*
　　表現形1　学習用マルチメディア資料
　　　体現形1　1976年にthe Minnesota Historical Societyが刊行したキット
　　著作1.1　Judy A. Poseley の *People serving people*
　　　表現形1.1　小冊子用著者テキスト
　　　　体現形1.1　キット収録の30ページの小冊子
　　著作1.2　*Voices of Minnesota politicians*
　　　表現形1.2　政治家スピーチの録音からの抜粋
　　　　体現形1.2　キット収録の録音ディスク

　体現形は、物理的な形態に表現された知的内容を表わしているが、それにもかかわらず

なお抽象的概念である旨を念頭に置くことは重要である。したがって、このレベルで明確にされる部分および関連は、製作された**体現形**のすべてのインスタンスに当てはまる一般的特徴を代表しており、**個別資料**レベルの構成要素のように、ある機関が保有している特定コピーの部分を代表しているのではない。

5.3.5 体現形と個別資料の関連

表 5.9 は、**体現形**と**個別資料**の関連を示している。

体現形と**個別資料**の関連は、ある**体現形**が特定の**個別資料**を複製した結果であることを示している。複製の関連をこのレベルで示すのは、**体現形**と**体現形**との間の、より一般的なレベルでの関連を示すのとは対照的に、用いた特定の**個別資料**を示すのが有用な場合である。

表 5.9 体現形と個別資料の関連

関連タイプ	体現形
複製 　複製をもつ→ 　←複製である	複製（Reproduction） マイクロ複製（Microreproduction） マクロ複製（Macroreproduction） リプリント（Reprint） 写真オフセット・リプリント（Photo-offset reprint） 復刻（Facsimile）

例
　　著作 1　Jean Jolivet の *Vraie description des Gaules...*
　　　表現形 1　地図製作者による原図
　　　　体現形 1　1570 年に刊行された地図
　　　　　個別資料 1　Département des Cartes et plans at the Bibliothèque
　　　　　　　　　　nationale in Paris 所蔵の 1 コピー
　　　　　　　複製をもつ→
　　　　　　　←複製である
　　　　体現形 2　1974 年に Hier et demain が刊行した復刻版

5.3.6 個別資料と個別資料の関連

表 5.10 は、**個別資料**と**個別資料**の関連の二つのタイプを示している。

複製の関連は、一つの特定の**個別資料**が、何らかの方法で別の**個別資料**から派生したことを示している。**体現形**の場合には、元の**個別資料**に対する複製の忠実度（fidelity）はさ

表 5.10　個別資料と個別資料の関連

関連タイプ	個別資料
再構成 　再構成をもつ→ 　←再構成である	合綴（Bound with） 分離（Split into） 抜刷（Extracted from）
複製 　複製をもつ→ 　←複製である	複製（Reproduction） マイクロ複製（Microreproduction） マクロ複製（Macroreproduction） 復刻（Facsimile）

まざまであり得る。しかしながら、キャリアのタイプに変更が加わる場合がある**体現形**の複製とは異なり、別の**個別資料**から一つの**個別資料**への複製は、常に原資料と同一の物理的特性をもつ**個別資料**を生み出す。

　再構成の関連は、1 またはそれ以上の**個別資料**が、何らかの方法で新たな 1 または複数の**個別資料**に変わる場合の関連である。最も一般的な例は、ある**体現形**の**個別資料**が異なる**体現形**の**個別資料**と合綴され、新たな**個別資料**を作る場合である。モノグラフにとっては、これが典型的な「合綴」の状態である。逐次刊行物にとっては、異なる巻号をもつ数冊の未合綴本が合綴されて一つの新たな**個別資料**を作る場合に再構成が生じる。頻度は少ないが、単一の物理的**個別資料**が分割されたり製本し直されたりして、別々の二つの**個別資料**となる場合がある。

　　例
　　個別資料 1　1855 年に MacLear & Company が刊行した Adam Lillie の
　　　　　　　　Canada--physical, economic, and social の 1 コピー
　　　　　　　合綴されている→
　　　　　　　←合綴されている
　　個別資料 2　1855 年に John Lovell が刊行した Alexander Morris の *Canada and her resources* の 1 コピー

5.3.6.1　個別資料レベルにおける全体と部分の関連

　表 5.11 は、**個別資料**レベルにおける全体と部分の関連を示している。

　個別資料の各部分は、分離した構成要素または統合的単位の部分のどちらかである。分離した構成要素は、**個別資料**全体を構成している分離可能な物理的部分である。たとえば、特定の**体現形**のコピーが二つに分かれた巻から成っている場合、これらの各巻は、全体としてのコピーに対して全体と部分の関連に関与することがあり得る。

表 5.11　個別資料間の全体と部分の関連

関連タイプ	個別資料
全体と部分 　　部分をもつ→ 　　←部分である	コピーの物理的構成要素 合綴書

　個別資料の統合的単位の部分は、通常その**個別資料**から物理的に分離できないとみなされている。たとえば、図書の綴じは分離できない統合的単位の部分とみなされるであろう。レコードのジャケットや **CD-ROM** のケースは、実際には物理的に分離しているけれども、同様に、分離している部分とはみなされないであろう。

第6章 利用者タスク

6.1 属性および関連の利用者タスクへのマッピング

　第3章、第4章および第5章で展開した実体関連モデルは、データ要件を体系的に分析し得る構成要素とその関係を提示している。このモデルが提供する構造は、利用者の関心対象である実体、並びに利用者が行うタスクにかかわる属性と関連に特に着目して、書誌データの利用を分析する枠組みとして役立つ。各々の属性および関連は、それらが支援する利用者タスクに直接マッピングすることができる。

　第2章で言及したように、本研究では次の四つの一般的な利用者タスクを定義している。それらのタスクは、利用者によるデータの基本的な用途に関連づけて定義している。
　○利用者が設定する探索基準に合致する実体を発見する（find）こと（すなわち、実体の属性または関連を用いた探索結果として、ファイルまたはデータベースのなかに単一の実体または一組の実体を見つけ出すこと）
　○実体を識別する（identify）こと（すなわち、記述された実体が求める実体に合致することを確認すること、あるいは同種の特性をもつ2以上の実体間の区別を行うこと）
　○利用者のニーズに適合する実体を選択する（select）こと（すなわち、内容、物理的形態等に関して、利用者の要件を満たす実体を選ぶこと、あるいは利用者ニーズに適合しない実体を排除すること）
　○記述された実体を取得・入手する（obtain）こと（すなわち、購入、貸出等によって実体を獲得すること、あるいはリモート・コンピュータにオンライン接続して電子的に実体にアクセスすること）

6.2 利用者タスクに関連する重要度のアセスメント

　表6.1から表6.4は、実体関連モデルにおける四つの主要な実体（すなわち、**著作、表現形、体現形**および**個別資料**）の各々に関連する属性および関連を一覧化したものである。各々の属性や関連に対応づけされているのは、四つの一般的な利用者タスク（すなわち、発見、識別、選択および入手）であり、各タスクは、タスクの焦点となる実体に関連して定義される四つのサブタスクに順次割り振られる（すなわち、**著作を発見する**、**表現形を発見する**、**体現形を発見する**、**個別資料を発見する**、**著作を識別する**、**表現形を識別する**、等々）。表で使用している記号（■、□、○）は、特定の実体に焦点を当てた個々の利用者タスクを支援する点において各々の属性または関連のもつ相対的重要度を示している。記号■は、指定されたタスクを支援するために属性や関連がきわめて重要であることを示している。記号□は中位の重要性を、記号○は比較的低い重要性を示している。記号のない

箇所は、属性または関連がその特定の利用者タスクあるいはサブタスクにとって確認できる関連性をもたないことを示している。

　各実体の表は二つの部分を含んでいる。第1はその実体の属性の一覧であり、第2はその実体と他の実体との間の関連の一覧である。特定の利用者タスクを支援するために、実体の属性もその実体と他の実体との間の関連もともに重要である場合がある。たとえば、利用者が**著作**を識別するのを支援するためには、**著作**の属性も**著作**の他の実体（たとえば、**著作**に責任をもつ**個人**または**団体**）への関連もともに重要である。各表の属性の部分と関連の部分は相補的であり、特定の利用者タスクの支援において重要である情報の全範囲を見るためには、両者を結びつけて読まなければならない。

　各表の関連を示す部分は、利用者がある実体を別の実体に関連づけたり、書誌ファイルあるいは書誌データベースに表示されている実体の宇宙を「ナビゲート」したりするのを支援する際に、関連の重要性を示す手段としても役立つ。ある意味では、「関連づける」ということは、5番目の利用者タスクとして見ることができるであろう。関連の部分の行列に記号を配置する方法は、四つの定義した利用者タスクに対する特定の関連の重要性を示す場合（各欄の記号を垂直に読む場合）も、利用者がある実体を他の実体に関連づけたりデータベースに表示されている実体の宇宙を「ナビゲート」したりするのを支援する際の関連の重要性を示す場合（各列を横切って記号を水平に読む場合）もある。

　表に示されている特定の利用者タスクにとっての各々の属性または関連の重要性のアセスメントは、大部分、研究グループのメンバーとコンサルタントの知識と経験に基づいているが、図書館学文献にみられる実証的研究を集積した根拠や、研究グループ外の数名の専門家のアセスメントによっても補われている。

　各々の属性および関連に対する相対的重要度を割り当てるのに研究グループが使用した基準は、利用者タスクの性質によって決まる程度で異なっている。各タスクに対して適用した主要な基準を以下に概説する。

6.2.1　実体を発見する

　著作を発見する、**表現形**を発見する、**体現形**を発見する、**個別資料**を発見する、という利用者タスクに関して最も高い重要度は、次の基準の1またはそれ以上に合致する属性と関連に割り当てた。
1. 定義上、実体を識別するのに役立つ属性（たとえば、**体現形識別子**、**個別資料識別子**）
2. 実体を見つけ出すための主要な探索用語として通常使用される属性または関連（たとえば、**体現形のタイトル**、**著作**と**著作**に主として責任をもつ**個人**または**団**

体との関連)

中位の重要度は、次のカテゴリーの1またはそれ以上に当てはまる属性と関連に割り当てた。
1. 利用者の主要な探索用語に合致する実体を、長いと予想されるファイル内で細区分する場合に有用な手段を提供するのに役立つ属性または関連（たとえば、非識別的なタイトルをもつ音楽作品の演奏手段）
2. 大きな検索結果集合を作る一次的用語のもとでの探索結果を限定するために、二次的探索用語として通常使用される属性または関連（たとえば、**表現形**の言語）
3. 発見した実体から密接に関連している別の実体に利用者を導くのに役立つ属性または関連（たとえば、補遺と本体**著作**との間の関連）

低い重要度は、より限定的な状況でファイルをさらに細分するか、あるいは探索用語を限定するために使用する場合の属性と関連に割り当てた。

6.2.2 実体を識別する

著作を識別する、**表現形**を識別する、**体現形**を識別する、**個別資料**を識別する、という利用者タスクに関して最も高い重要度は、次の基準の1またはそれ以上に合致する属性と関連に割り当てた。
1. 定義上、実体を識別するのに役立つ属性（たとえば、**体現形**識別子、**個別資料**識別子）
2. ユニークな識別子が存在しないとき、数多い共通の特性をもつ実体どうしを識別するためにたいていの場合役立つ、最小の一組を構成する属性または関連（たとえば、ある**体現形**を別の**体現形**から区別するのに十分な属性の最小の一組には、多くの場合、タイトル、責任表示、版・刷表示、出版者・頒布者、出版日付・頒布日付、シリーズ表示およびキャリアの形態が含まれる。）

中位の重要度は、次のカテゴリーのどちらかに該当する属性と関連に割り当てた。
1. 識別するのに通常役立つ属性と関連の最小の一組では識別に不十分な実体どうしを、特定の状況のもとで識別するのにしばしば役立つ属性または関連（たとえば、キャリアの数量または物理的媒体は、ある状況において、同一のタイトル、責任表示、版・刷表示などをもつ二つの**体現形**間の相違を示すのに役立つ場合がある。）
2. 実体のサブタイプ（書写本、録音資料など）と特に関連していて、そのサブカテゴリーに対して、それがなければ同一となる実体どうしを識別するのにしばしば役立つ属性（たとえば、マイクロ資料にとっての極性、画像資料にとっての映写方式）

低い重要度は、それがなければ同一の特性をもつこととなる実体どうしを識別するために、より限定された場合に使用する可能性のある属性と関連に割り当てた。

6.2.3 実体を選択する

著作を選択する、表現形を選択する、体現形を選択する、個別資料を選択する、という利用者タスクに関して最も高い重要度は、次の基準のどちらかに合致する属性と関連に割り当てた。
1. 知的・芸術的内容の重要な指標としてたいていの場合役立つ属性または関連（たとえば、**著作の主題**、**表現形の言語**など）
2. 視聴、再生、操作などの特殊な技術的要件（たとえば、電子資料にとってのシステム要件など）、あるいはアクセスや使用を限定する他の条件を通常示す属性

中位の重要度は、次のカテゴリーのどちらかに該当する属性と関連に割り当てた。
1. 限定された場合にのみ知的・芸術的内容の重要な指標となる属性または関連（たとえば、**著作の想定利用者**）
2. 特定の状況のもとで、視聴、再生、操作などの特殊な技術的要件を示す場合がある属性または関連（たとえば、**キャリアの大きさ**）

低い重要度は、限定的にのみ知的・芸術的内容の重要な指標または特殊な技術的要件の目印となる属性と関連に割り当てた。

6.2.4 実体を入手する

体現形を入手する、**個別資料**を入手する、という利用者タスクに関して最も高い重要度は、次の基準の1またはそれ以上に合致する属性と関連に割り当てた。
1. 定義上、実体を識別するのに役立つ属性（たとえば、**体現形識別子**、**個別資料識別子**）
2. ユニークな識別子が存在しないとき、数多い共通の特性をもつ実体どうしを識別するためにたいていの場合役立つ、最小の一組を構成する属性または関連（たとえば、ある**体現形**を別の**体現形**から区別するのに十分な属性の最小の一組には、多くの場合、タイトル、責任表示、版・刷表示、出版者・頒布者、出版・頒布年、シリーズ表示およびキャリアの形態が含まれる。）
3. 実体を入手することができるソースを見つけ出すのにたいていの場合重要な属性または関連（たとえば、出版・頒布の場所、リモート・アクセスの電子資料のためのアクセス・アドレスなど）
4. 実体へのアクセスに関する制限（**体現形**に関するアクセスの制限、**個別資料**に関するアクセスの制限）の指標として重要な属性または関連

中位の重要度は、次のカテゴリーのどちらかに該当する属性と関連に割り当てた。
1. 識別するのに通常役立つ属性と関連の最小の一組では識別に不十分な実体どうしを、特定の状況のもとで識別するのにしばしば役立つ属性または関連（たとえば、キャリアの数量または物理的媒体は、ある状況において、同一のタイトル、責任表示、版・刷表示などをもつ二つの**体現形**間の相違を示すのに役立つ場合がある。）
2. 実体のサブタイプ（書写本、録音資料など）と特に関連していて、そのサブカテゴリーに対して、それがなければ同一となる実体どうしを識別するのにしばしば役立つ属性（たとえば、マイクロ資料にとっての極性、画像資料にとっての映写方式）

低い重要度は、それがなければ同一の特性をもつこととなる実体どうしを識別するために、より限定された場合に使用する可能性のある属性と関連に割り当てた。実体を入手するソースを見つけ出すために重要である場合がある属性と関連にも、低い重要度を割り当てた。

入手のタスクは、**著作**と**表現形**には当てはまらない点に留意すること。

著作と**表現形**とのリンク（「を通して実現される」リンク）、**表現形**と**体現形**とのリンク（「のなかで具体化される」リンク）、および**体現形**と**個別資料**とのリンク（「によって例示される」リンク）という構造的な関連は、常に書誌レコードに反映されることが前提とされているため、表には示されていない点にも留意すること。

表 6.1　著作の属性と関連

			発見				識別				選択				入手			
			著作	表現形	体現形	個別資料	著作	表現形	体現形	個別資料	著作	表現形	体現形	個別資料	著作	表現形	体現形	個別資料
属性	著作のタイトル		■				■				■							
	著作の形式		□				□				■							
	著作の成立日付		○				○				○							
	その他の特性		○				○				○							
	想定終期		□				■				□							
	想定利用者		○				○				□							
	著作成立の背景										○							
	演奏手段（音楽作品）（注1）		□				□				□							
	番号表示（音楽作品）（注1）		○				□											
	調（音楽作品）（注1）		○				□											
	経緯度（地図）		□				■				■							
	分点（地図）		□				□				□							
関連	ある著作と他の著作の関連	後継（参照的）	□				□				■							
		補遺（参照的）	□				□				■							
		追補（参照的）	□				□				■							
		後継（自立的）	□				□				□							
		補遺（自立的）	□				□				□							
		追補（自立的）	□				□				□							
		要約					○				○							
		改作					○				○							
		変形					○				○							
		模造					○				○							
		従属部分	■				■				□							
		独立部分	■				□				□							
		統合的単位の知的部分												□				
	ある著作と著作に責任をもつ個人・団体の関連		■				■				■							
	ある著作と著作の主題として取り扱われる実体の関連		■								■							

■高い重要度　□中位の重要度　○低い重要度

（注1）演奏手段、番号表示および調は、音楽形式（たとえば、交響曲、協奏曲など）のみを示す非識別的なタイトルをもつ音楽作品を識別するために高い重要度をもつ。

表6.2 表現形の属性と関連

		発見				識別				選択				入手			
		著作	表現形	体現形	個別資料	著作	表現形	体現形	個別資料	著作	表現形	体現形	個別資料	著作	表現形	体現形	個別資料
属性	表現形のタイトル		□				□				□						
	表現形の形式						■				■						
	表現形の成立日付						□				□						
	表現形の言語 (注1)		□				■				■						
	その他の特性		□				■				■						
	表現形の拡張性						○				○						
	表現形の改訂性						○				□						
	表現形の数量 (注2)						○				○						
	内容の要約						○				□						
	表現形成立の背景										○						
	表現形に与えられた論評										○						
	表現形の利用制限										■						
	順序付けの類型(逐次刊行物)																○
	想定発行周期(逐次刊行物)																□
	想定発行頻度(逐次刊行物)						■				■						■
	楽譜の種類(楽譜)						■				■						
	演奏手段(楽譜または録音)						■				■						
	縮尺(地図画像・オブジェクト)						□				■						
	投影法(地図画像・オブジェクト)						□				○						
	表示技術(地図画像・オブジェクト)						○				○						
	起伏表現(地図画像・オブジェクト)						○				○						
	測地・グリッド・バーチカル測定値(地図画像・オブジェクト)						○				○						
	記録技法(リモート・センシング画像)						○				○						
	特性(リモート・センシング画像)						○				○						
	技法(静止画像または投影画像)						○				○						
関連	ある表現形と他の表現形・著作の関連	縮約						○				□						
		改訂		□				○				■						
		編曲		□				○				■						
		翻訳		□				○				■						
		後継(参照的)		□				□				■						
		補遺(参照的)		□				□				■						
		追補(参照的)		□				□				■						
		後継(自立的)		□				□				□						
		補遺(自立的)		□				□				□						
		追補(自立的)		□				□				□						
		要約						○				○						
		改作						○				○						
		変形						○				○						
		模造						○				○						
		従属部分		■				■				□						
		独立部分		■				□				□						
		統合的単位の部分										□						
	ある表現形と内容に責任をもつ個人・団体の関連		■				■				■							

■高い重要度　□中位の重要度　○低い重要度

(注1) 表現形の言語は、表現形の言語的内容が重要な場合にのみ重要度をもつ。
(注2) 表現形の数量は、視聴覚資料に関して第1の重要度をもつことがある(すなわち、持続時間として表現されるとき)。

表6.3 体現形の属性と関連

		発見 著作	発見 表現形	発見 体現形	発見 個別資料	識別 著作	識別 表現形	識別 体現形	識別 個別資料	選択 著作	選択 表現形	選択 体現形	選択 個別資料	入手 著作	入手 表現形	入手 体現形	入手 個別資料
属性	体現形のタイトル	■	■	■		■	■	■		□	□	□				■	
	責任表示	□	□	□		□	■	■		□	■	■				■	
	版・刷表示						■	■			■	■				■	
	出版地・頒布地							○		○	○	○				■	
	出版者・頒布者			○			□	■			○	□				■	
	出版日付・頒布日付	□	□	○		□	□	■		□	□	■				■	
	製作者（注1）			○				○				○					
	シリーズ表示			□				■				□				■	
	キャリアの形態			□				■				■				■	
	キャリアの数量（注2）							□			□	□					
	物理的媒体（注3）							□				□					
	キャプチャー・モード							○				□					
	キャリアの大きさ（注4）							○				□					□
	体現形識別子			■			□	■								■	
	取得・アクセス認証ソース（注5）											○				○	
	入手条件											○				○	
	体現形のアクセス制限							□								■	
	書体（印刷図書）（注6）							○									
	活字のサイズ（印刷図書）（注6）							○									
	丁付け(書写本)							■								■	
	対照事項(書写本)							■								■	
	刊行状況（逐次刊行物）																
	順序表示（逐次刊行物）	□	□	□		■	■	■								■	
	再生速度（録音資料）（注7）											○					
	音溝幅(録音資料)											○					
	カッティングの種別(録音資料)											○					
	テープの形状(録音資料)											○					
	音響種別(録音資料)											○					
	特殊な再生特性(録音資料)											○					
	色彩（画像）							□				□					
	縮率（マイクロ資料）							□				■					□
	極性（マイクロ資料または画像投影資料）							□				□					
	世代（マイクロ資料または画像投影資料）							□				□					
	映写方式(画像投影資料)											■					
	システム要件（電子資料）											■					
	ファイルの特性（電子資料）							□				○					
	アクセス方法（リモート・アクセス電子資料）											□				■	
	アクセス・アドレス（リモート・アクセス電子資料）															■	
関連	ある体現形と他の体現形の関連　複製					□		□		□		□				□	
	代替					○		○		○		○				○	
	構成要素							○				○					
	統合的単位の部分											○					
	ある体現形と個別資料の関連　複製					□		□				○					
	ある体現形と製作・頒布に責任をもつ個人・団体の関連					□											

■高い重要度　□中位の重要度　○低い重要度
(注1)製作者は、初期刊本、限定製作の静止画像、成形物などに関して高い重要度をもつことがある。
(注2)キャリアの数量は、数量がある体現形と別の体現形との間に相違を示す場合に高い重要度をもつことがある。
(注3)物理的媒体は、媒体が利用者にとって潜在的に重要である場合（たとえば、可燃性フィルム）に高い重要度をもつことがある。
(注4)キャリアの大きさは、再生装置などにとって大きさが重要である場合に高い重要度をもつことがある。
(注5)取得・アクセス認証ソースは、体現形が通常の商業ルートで入手することが難しそうな場合に高い重要度をもつことがある。
(注6)書体および活字のサイズは、古書の各刷を識別するとともに、利用者が視覚障害者用資料を選択するのを助けるためにも
　　　高い重要度をもつことがある。
(注7)再生速度は、特別の再生装置を必要とする史的録音資料に関して高い重要度をもつことがある。

表6.4 個別資料の属性と関連

			発見				識別				選択				入手			
			著作	表現形	体現形	個別資料	著作	表現形	体現形	個別資料	著作	表現形	体現形	個別資料	著作	表現形	体現形	個別資料
属性	個別資料識別子					■				■								■
	フィンガープリント								□	□								
	個別資料の出所									□				○				
	銘・献辞									□				○				
	展示歴									○								
	個別資料の状態													□				
	処理歴													□				
	処理計画													□				
	個別資料のアクセス制限													□				■
関連	ある個別資料と他の個別資料の関連	再構成								□				□				□
		複製								□				□				□
		物理的構成要素																
		統合的単位の部分																
	ある個別資料と所有・管理に責任をもつ個人・団体の関連					○												

■高い重要度　□中位の重要度　○低い重要度

第7章　全国書誌レコードの基本要件

7.1　基本レベルの機能

　第 6 章における属性および関連の利用者タスクへのマッピングは、全国書誌作成機関が作成する書誌レコードに含めるべき基本データに関する、研究グループによる勧告のための判断基準としての役割を果たす。

　研究グループは次のように勧告する。すなわち、表 6.1 から表 6.4 において確認したさまざまなタスクおよびサブタスクのうち、全国書誌レコードは、基本レベルにおいて少なくとも以下のタスクの実行に関して利用者を支援するものとする。

- ■次の実体を具体化しているすべての**体現形**を発見する。
    - ■ある**個人**または**団体**が責任をもつ**著作**
    - ■ある**著作**のさまざまな**表現形**
    - ■ある**主題**に関する**著作**
    - ■ある**シリーズ**における**著作**
- ■次の場合に特定の**体現形**を発見する。
    - ■その**体現形**のなかで具体化されている**著作**に責任をもつ**個人**および（または）**団体**の名が知られている場合
    - ■その**体現形**のタイトルが知られている場合
    - ■その**体現形**識別子が知られている場合
- ■**著作**を識別する。
- ■**著作**の**表現形**を識別する。
- ■**体現形**を識別する。
- ■**著作**を選択する。
- ■**表現形**を選択する。
- ■**体現形**を選択する。
- ■**体現形**を入手する。

　本章における勧告は、全国書誌に掲載するために作成する書誌レコードにかかわるものであり、そのような書誌レコードは一般に**個別資料**に属するデータを反映しないため、その**個別資料**に関連する利用者タスクには言及していないことに留意すべきである。

7.2 基本的なデータ要件

表7.1から表7.9は、基本レベルの全国書誌レコードのためのデータ要件を指定している。各表の左欄には、上記の7.1で確認した、書誌レコードによって支援すべき基本的な利用者タスクを列挙している。中央の欄には、各基本的タスクに対応して、その特定のタスクのため表6.1から表6.4で確認した「高い重要度」の論理的属性と関連を列挙している。右欄には、各論理的属性または関連に対応して、研究グループが最小限のデータ要件として勧告する個々のデータ要素を指定している。個々のデータ要素を確認するために使用している用語は、『国際標準書誌記述』（ISBDs）および『典拠記入および参照記入のためのガイドライン』（GARE）に使用されている用語に対応している。データ要件が ISBD または GARE のデータ要素より狭く規定されている場合には、記録すべきデータのタイプをより明確に示すため、データ要素名に限定句を付している。

各論理的属性に関連するデータ要素は、属性に関する情報が書誌レコードにおいて最も一般的に位置づけられる場所に記載している。いくつかの場合には、同じ情報を 2 か所以上に記録することができる（たとえば、**表現形**の言語は、注記としても統一タイトルへの付記事項としても記録することができる）。それらの場合、二つのデータ要素が論理的属性に対応して挙げられているが、データ要素の一方が書誌レコードに含まれていれば、基本要件を満たしているとみなす。

右欄に挙げられていないデータ要素の一つに「タイトル関連情報」がある。このデータ要素は ISBD では概して**体現形**のタイトルに近く定義されていて、広い範囲の異なる種類の情報を包含しているので、多くの異なる論理的属性に関連し得る（たとえば、**著作**の形式、想定利用者、演奏手段、**表現形**の言語など）。そこでこのようなデータ要素は表に含めていない。それにもかかわらず、基本レベルの書誌レコードに反映すべきものとして確認された論理的属性に属する情報は、たとえ論理的属性に関連するデータ要素が表の右欄に異なって識別されていても（たとえば注記として）、もし当てはまるならば「タイトル関連情報」として記録してよいことを理解すべきである。

次の点にも留意すべきである。以下の諸表においては、**著作**を**表現形**に、そして**表現形**を**体現形**に連結する構造的関連を常に書誌レコードに反映することが前提とされている（すなわち、**表現形**に属するデータは、常に**表現形**によって実現される**著作**に属するデータに連結することが前提とされているし、**体現形**に属するデータは、常に**体現形**のなかで具体化される**表現形**に属するデータに連結することが前提とされている）。このようにして、**著作**または**表現形**とその実体の内容に責任をもつ**個人**または**団体**の間の関連が、要件として確認される場合、その関連は、**著作**から**表現形**への、そして**表現形**から**体現形**への構造的関連に基づいて、**表現形**を具体化した**体現形**にまで及ぶことが前提とされている。同様に、**著作**とその主題の間の関連が要件として確認される場合、その関連は、**著作**から**表現**

形への、そして**表現形**から**体現形**への構造的関連に基づいて、**表現形**と**体現形**にまで及ぶことが前提とされている。したがって、**著作**、**表現形**、**体現形**の間の構造的関連は暗示的であって、要件として明示的には述べていない。

　最後に、利用者が実体を発見できるように表7.1と表7.2で確認するデータ要素は、通常、非自動化環境において排列手段および（または）索引項目として使用されるものに限定していることに留意すべきである。しかしながら、そのことは、<u>識別</u>・<u>選択</u>・<u>入手</u>タスクに関する要件として確認されるその他のデータ要素を、自動化環境においては<u>発見</u>タスクを支援するのに役立つデータではないとするものではない。データ要素が索引付けされる条件でキーワード検索が提供される自動化環境において書誌レコードが利用される場合には、実質上、書誌レコード内の一切のデータ要素は、利用者が実体を発見するのを助ける潜在能力をもつからである。

表7.1　体現形を発見する

利用者に以下のタスクを可能にするために、	基本レベルの全国書誌レコードは以下の論理的属性と関連を反映させるべきであり、	以下の特定のデータ要素を含めるべきである。
7.1 次の実体を具体化しているすべての**体現形**を発見する。		
7.1.1 ある**個人**または**団体**が責任をもつ**著作**	■責任をもつ**個人**または**団体**と**体現形**のなかで具体化されている**著作**との間の関連	■**著作**に主たる責任をもつ**個人**および(または)**団体**に対する名称標目
7.1.2 ある**著作**のさまざまな**表現形**	■**著作**と**体現形**のなかで具体化されている**表現形**との間の関連	■**著作**に対するタイトル標目
7.1.3 ある主題に関する**著作**	■主題である概念などと**体現形**のなかで具体化されている**著作**との間の関連	■**著作**の主たる主題に対する件名標目および（または）分類番号
7.1.4 あるシリーズにおける**著作**	■シリーズと**著作**との間の関連	■シリーズに対する標目 ■シリーズ内の順序表示

表7.2　特定の体現形を発見する

利用者に以下のタスクを可能にするために、	基本レベルの全国書誌レコードは以下の論理的属性と関連を反映させるべきであり、	以下の特定のデータ要素を含めるべきである。
7.2 次の場合に特定の**体現形**を発見する。		
7.2.1 その**体現形**のなかで具体化されている**著作**に責任をもつ**個人**および（または）**団体**の名が知られている場合	■責任をもつ**個人**および(または)**団体**と**体現形**のなかで具体化されている**著作**との間の関連	■**著作**に主たる責任をもつ**個人**および（または）**団体**に対する名称標目
7.2.2 その**体現形**のタイトルが知られている場合	■**体現形**のタイトル	■本タイトル（部編番号・部編名を含む） ■並列タイトル（注1）
7.2.3 その**体現形**の識別子が知られている場合	■**体現形**識別子	■標準番号（またはその代替番号）

注：
1．並列タイトルは、全国書誌作成機関が、利用者にとって重要であると考慮する程度に応じて、基本レコードに含めるものとする。

表7.3　著作を識別する

利用者に以下のタスクを可能にするために、	基本レベルの全国書誌レコードは以下の論理的属性と関連を反映させるべきであり、	以下の特定のデータ要素を含めるべきである。
7.3 **著作を識別する。**	■**著作のタイトル**	■**著作に対するタイトル標目**
	■責任をもつ**個人**および（または）**団体**と**著作**との間の関連	■**著作**に主たる責任をもつ**個人**および（または）**団体**に対する名称標目
	■想定終期	■刊行頻度表示、順序表示など
	■演奏手段（音楽作品）（注1）	■統一タイトルへの付記事項－演奏手段（音楽作品）
	■番号表示（音楽作品）（注1）	■統一タイトルへの付記事項－番号表示（音楽作品）
	■調（音楽作品）（注1）	■統一タイトルへの付記事項－調（音楽作品）
	■経緯度（地図）	■数値データ表示－経緯度
	■**著作**と親**著作**との間の関連（注2）	■版および書誌的来歴に関する注記－親著作

注：
1．演奏手段、番号表示および調は、単に音楽形式（交響曲、協奏曲など）を示す非識別的なタイトルをもつ音楽作品に関してのみ、基本的な要件とみなす。
2．**著作**と親**著作**との間の関連は、その**著作**が親**著作**の従属的な部分である場合にのみ、基本的な要件とみなす。

表7.4　表現形を識別する

利用者に以下のタスクを可能にするために、	基本レベルの全国書誌レコードは以下の論理的属性と関連を反映させるべきであり、	以下の特定のデータ要素を含めるべきである。
7.4 著作の表現形を識別する。	■責任をもつ個人および（または）団体と表現形との間の関連	■表現形に主たる責任を有する個人および（または）団体に対する名称標目
	■表現形の形式	■表現形の形式に関する注記（注1）
	■表現形の言語（注2）	■統一タイトルへの付記事項－言語 ■言語に関する注記
	■その他の特性	■統一タイトルへの付記事項－その他の特性 ■その他の特性に関する注記
	■表現形の数量（注3）	■数量－演奏時間・接続時間
	■想定刊行頻度（逐次刊行物）	■刊行頻度表示
	■楽譜の種類（楽譜）	■楽譜の種類に関する事項－楽譜の種類
	■演奏手段（楽譜）	■統一タイトルへの付記事項－編曲の表示 ■演奏手段に関する注記

注：
1．**表現形の形式に関する注記**は、**表現形**の形式がレコード内のほかのデータからは推断できない場合にのみ、基本的な要件とみなす。
2．**表現形の言語**は、**表現形**の言語的内容が重要である場合にのみ、基本的な要件とみなす。
3．**表現形の数量**は、視聴覚資料に関してのみ、基本的な要件とみなす。

表7.5 体現形を識別する

利用者に以下のタスクを可能にするために、	基本レベルの全国書誌レコードは以下の論理的属性と関連を反映させるべきであり、	以下の特定のデータ要素を含めるべきである。
7.5 体現形を識別する。	■**体現形のタイトル**	■本タイトル（部編番号・部編名を含む）
	■責任表示	■内容に主たる責任をもつ**個人**および（または）**団体**を識別する責任表示 ■版に関連する最初の責任表示 ■付加的版表示に関連する最初の責任表示
	■版・刷表示	■版表示 ■付加的版表示
	■出版者・頒布者	■出版者、頒布者などの名称
	■出版日付・頒布日付	■出版、頒布などの日付
	■シリーズ表示	■シリーズの本タイトル ■シリーズの並列タイトル（注1） ■シリーズに関連する最初の責任表示（注2） ■シリーズ内の順序表示
	■キャリアの形態	■特定資料表示
	■キャリアの数量（注3）	■数量
	■**体現形**識別子	■標準番号（またはその代替番号）
	■丁付け（書写本）	■形態の記述に関する注記 　－丁付け
	■対照事項（書写本）	■形態の記述に関する注記 　－対照事項
	■順序表示（逐次刊行物）	■順序表示

注：
1．シリーズの並列タイトルは、全国書誌作成機関が、それらを利用者にとって重要であると考慮する程度に応じて、基本レコードに含めるものとする。
2．シリーズの責任表示は、シリーズのタイトルのみではシリーズを識別するのに不十分である場合にのみ、基本的な要件とみなす。
3．キャリアの数量は、それが一つの**体現形**と他の一つの**体現形**との相違を表示する可能性をもつ場合にのみ、基本的な要件とみなす（たとえばページ数）。

表7.6 著作を選択する

利用者に以下のタスクを可能にするために、	基本レベルの全国書誌レコードは以下の論理的属性と関連を反映させるべきであり、	以下の特定のデータ要素を含めるべきである。
7.6 著作を選択する。	■著作のタイトル	■著作に対するタイトル標目
	■責任をもつ**個人**および(または)**団体**と**著作**との間の関連	■**著作**に主たる責任をもつ**個人**および（または）**団体**に対する名称標目
	■主題である**概念**などと**体現形**のなかで具体化されている**著作**との間の関連	■**著作**の主たる主題に対する件名標目および（または）分類番号
	■著作の形式	■著作の形式に関する注記
	■経緯度（地図）	■数値データ表示－経緯度
	■**著作**と先行および（または）後継**著作**との間の関連	■版および書誌的来歴に関する注記－先行・後継**著作**
	■**著作**とそれが補う**著作**との間の関連	■版および書誌的来歴に関する注記－補遺
	■**著作**とそれが追補する**著作**との間の関連	■版および書誌的来歴に関する注記－追補

注：
1．**著作**とその先行、後継、補遺または追補との間の関連は、実体間の関連が参照的である場合にのみ、基本的な要件とみなす。

表7.7 表現形を選択する

利用者に以下のタスクを可能にするために、	基本レベルの全国書誌レコードは以下の論理的属性と関連を反映させるべきであり、	以下の特定のデータ要素を含めるべきである。
7.7 表現形を選択する。	■責任をもつ**個人**および（または）**団体**と**表現形**との間の関連	■**表現形**に主たる責任をもつ**個人**および（または）**団体**に対する名称標目
	■**表現形**の形式	■**表現形**の形式に関する注記（注1）
	■**表現形**の言語（注2）	■言語に関する注記
	■その他の特性	■**表現形**の特性に関する注記
	■**表現形**の利用制限	■利用制限に関する注記
	■想定刊行頻度（逐次刊行物）	■刊行頻度表示
	■楽譜の種類（楽譜）	■楽譜の種類に関する事項－楽譜の種類
	■**表現形**の演奏手段（楽譜）	■**表現形**の演奏手段に関する注記
	■縮尺（地図画像・オブジェクト）	■数値データ表示－縮尺
	■**表現形**と先行および（または）後継**表現形**との間の関連（注3）	■版および書誌的来歴に関する注記－先行・後継**表現形**
	■**表現形**とそれが補う**表現形**との間の関連（注3）	■版および書誌的来歴に関する注記－補遺
	■**著作**とそれが追補する**表現形**との間の関連（注3）	■版および書誌的来歴に関する注記－追補
	■改訂と改訂が基づいている**表現形**との間の関連（注3）	■版および書誌的来歴に関する注記－改訂
	■編曲と編曲が基づいている**表現形**との間の関連（注3）	■版および書誌的来歴に関する注記－編曲
	■翻訳と翻訳が基づいている**表現形**との間の関連（注3）	■版および書誌的来歴に関する注記－翻訳

注：
1．**表現形**の形式に関する注記は、**表現形**の形式がレコード内のほかのデータからは推断できない場合にのみ、基本的な要件とみなす。
2．**表現形**の言語は、その**表現形**が重要な言語的内容をもつ場合にのみ、基本的な要件とみなす。
3．**表現形**とその先行・後継、補遺または追補との間の関連は、関連が参照的である場合にのみ、基本的な要件とみなす。以下の場合には、**表現形**は単に関連する**著作**にのみ関連づけるだけでよい。すなわち、その**表現形**を、それが先行したり、後継したり、補ったり、追補したりする特定の**表現形**に関連づけられないか、またはそれに基づいて改訂、編曲、翻訳がなされている特定の**表現形**に関連づけられない場合、あるいは基づいている特定の**表現形**が重要とみなされない場合。

表7.8 体現形を選択する

利用者に以下のタスクを可能にするために、	基本レベルの全国書誌レコードは以下の論理的属性と関連を反映させるべきであり、	以下の特定のデータ要素を含めるべきである。
7.8 **体現形を選択する。**	■責任表示	■内容に主たる責任をもつ個人および（または）団体を識別する責任表示
	■版・刷表示	■版表示 ■付加的版表示
	■出版日付・頒布日付	■出版、頒布などの日付
	■キャリアの形態	■特定資料表示
	■物理的媒体（注1）	■形態的記述に関する注記 －媒体
	■キャリアの大きさ（注2）	■大きさ
	■縮率（マイクロ資料）	■形態的記述に関する注記 －縮率
	■映写方式（画像投影資料）	■形態的記述に関する注記 －映写方式
	■システム要件（電子資料）	■システム要件に関する注記

注：
1．物理的媒体は、媒体が利用者にとって潜在的に重要である場合にのみ、基本的な要件とみなす（たとえば硝酸塩を主成分とするフィルム）。
2．キャリアの大きさは、その大きさが再生などのために必要な機器の点から重要であり得る場合にのみ、基本的な要件とみなす（たとえばディスケット、カセットなど）。

表7.9　体現形を入手する

利用者に以下のタスクを可能にするために、	基本レベルの全国書誌レコードは以下の論理的属性と関連を反映させるべきであり、	以下の特定のデータ要素を含めるべきである。
7.9 **体現形**を入手する。	■**体現形のタイトル**	■本タイトル
	■責任表示	■内容に主たる責任をもつ個人および（または）団体を識別する責任表示
	■版・刷表示	■版表示 ■付加的版表示
	■出版地・頒布地	■出版地、頒布地など
	■出版者・頒布者	■出版者、頒布者などの名称
	■出版日付・頒布日付	■出版、頒布などの日付
	■シリーズ表示	■シリーズの本タイトル ■シリーズに関連する最初の責任表示（注1） ■シリーズ内の順序表示
	■キャリアの形態	■特定資料表示
	■**体現形**識別子	■標準番号（またはその代替番号）
	■取得・アクセス認証ソース（注2）	■製本および入手条件に関連する注記
	■**体現形**の利用制限	■利用制限に関連する注記
	■丁付け（書写本）	■形態の記述に関する注記 －丁付け
	■対照事項（書写本）	■形態の記述に関する注記 －対照事項
	■想定刊行頻度（逐次刊行物）	■刊行頻度表示
	■順序表示（逐次刊行物）	■順序表示（逐次刊行物）
	■アクセス方法（リモート・アクセス電子資料）	■アクセス方法に関する注記 －アクセス方法
	■アクセス・アドレス（リモート・アクセス電子資料）	■アクセス方法に関する注記 －アクセス・アドレス

注：
1．シリーズの責任表示は、シリーズのタイトルのみではシリーズを識別するのに不十分である場合にのみ、基本的な要件とみなす。
2．取得・アクセス認証ソースは、**体現形**が通常の取得先を通して入手するのが困難と思われる場合にのみ、基本的な要件とみなす。

7.3 基本レベルの全国書誌レコード

　以下は、表 7.1 から表 7.9 において確認された最小のデータ要件の集成で、記述要素と編成要素という大きな二つのグループに再構成されている。2 グループに列挙されたデータ要件は、すべて合わせて研究グループが勧告する、基本レベルの全国書誌レコードを構成する。

　実体のサブタイプにのみ適用されるデータ要素は、特殊な記号で指定されている（たとえば、▤は逐次刊行物にのみ適用されるデータ要素であることを示す）。そのサブタイプはデータ要素に続く丸括弧内で確認することができる。

記述要素

タイトルと責任表示エリア
- ■本タイトル（部編番号・部編名を含む）
- ■並列タイトル（注1）
- ■内容に関して主たる責任をもつ個人および（または）団体を識別する責任表示

版エリア
- ■版表示
- ■付加的版表示

資料（または出版物の種類）特性エリア
- ▤順序表示（逐次刊行物）
- ▲数値データ表示－経緯度（地図）
- ▲数値データ表示－縮尺（地図画像・オブジェクト）
- &楽譜の種類に関する事項－楽譜の種類（楽譜）

出版、頒布などのエリア
- ■出版、頒布地など
- ■出版者名、頒布者名など
- ■出版年、頒布年など

形態的記述エリア
- ■特定資料表示
- ■数量（注2）
- ■大きさ（注3）

シリーズエリア
- ■シリーズの本タイトル
- ■シリーズの並列タイトル（注4）
- ■シリーズに関連する最初の責任表示（注5）

注記エリア
- ■**表現形**の形式に関する注記（注6）
- ■**言語**に関する注記（注7）
- ■**表現形**の特性に関する注記
- 📰 刊行頻度表示（逐次刊行物）
- 🎵 表現形の演奏手段に関する注記（楽譜または録音資料）

- ■版および書誌的来歴に関する注記－後継（注8）
- ■版および書誌的来歴に関する注記－補遺（注8）
- ■版および書誌的来歴に関する注記－追補（注8）
- ■版および書誌的来歴に関する注記－翻訳
- ■版および書誌的来歴に関する注記－改訂
- ■版および書誌的来歴に関する注記－親著作（注9）
- 🎵版および書誌的来歴に関する注記－編曲

- ■形態の記述に関する注記－媒体（注10）
- 📖形態の記述に関する注記－丁付け（書写本）
- 📖形態の記述に関する注記－対照事項（書写本）
- 🎞形態の記述に関する注記－縮率（マイクロ資料）
- 📽形態の記述に関する注記－映写方式（画像投影資料）
- 💻システム要件に関する注記（電子資料）

- ■製本および入手条件に関連する注記－取得・アクセスソース（注11）
- ■利用・アクセス制限に関する注記
- 💻アクセス方法に関する注記－アクセス方法（リモート・アクセス電子資料）
- 💻アクセス方法に関する注記－アクセス・アドレス（リモート・アクセス電子資料）

標準番号（またはその代替番号）と入手条件エリア
- ■標準番号（またはその代替番号）

注：
1．並列タイトルは、全国書誌作成機関が、それらを利用者にとって重要であると考慮する程度に応じて、基本レコードに含めるものとする。

2．キャリアの数量は、それが一つの**体現形**と他の一つの**体現形**との相違を表示する可能性をもつ場合にのみ、基本的な要件とみなす（たとえばページ数）。**表現形**の数量（演奏時間・接続時間）は、視聴覚資料に関してのみ、基本的な要件とみなす。

3．キャリアの大きさは、その大きさが再生などのために必要な機器の点から重要であり得る場合にのみ、基本的な要件とみなす（たとえばディスケット、カセットなど）。

4．シリーズの並列タイトルは、全国書誌作成機関が、それらを利用者にとって重要であると考慮する程度に応じて、基本レコードに含めるものとする。

5．シリーズの責任表示は、シリーズのタイトルのみではシリーズを識別するのに不十分である場合にのみ、基本的な要件とみなす。

6．**表現形**の形式に関する注記は、**表現形**の形式がレコード内のほかのデータからは推断できない場合にのみ、基本的な要件とみなす。

7．**表現形**の言語に関する注記は、**表現形**の言語的内容が重要である場合にのみ、基本的な要件とみなす。

8．先行・後継著作または**表現形**、補遺および追補に関する注記は、実体間の関連が参照的である場合にのみ、基本的な要件とみなす。

9．**著作**と親**著作**の関連に関する注記は、その著作が親著作の従属的な部分である場合にのみ、基本的な要件とみなす。

10．物理的媒体は、媒体が利用者にとって潜在的に重要である場合にのみ、基本的な要件とみなす（たとえば硝酸塩を主成分とするフィルム）。

11．取得・アクセス認証ソースに関する注記は、**体現形**が通常の取得先を通して入手するのが困難と思われる場合にのみ、基本的な要件とみなす。

編成要素

名称標目

■**著作**に関して主たる責任をもつ**個人**および（または）**団体**に対する名称標目
■**表現形**に関して主たる責任をもつ**個人**および（または）**団体**に対する名称標目

タイトル標目

■**著作**に対するタイトル標目
■統一タイトルへの付記事項－言語（注1）
■統一タイトルへの付記事項－その他の特性
&統一タイトルへの付記事項－演奏手段（音楽作品）（注2）
&統一タイトルへの付記事項－番号表示（音楽作品）（注2）
&統一タイトルへの付記事項－調（音楽作品）（注2）
&統一タイトルへの付記事項－編曲の表示（音楽作品）

シリーズ標目

■シリーズに対する標目

件名標目・分類番号

■**著作**の主たる主題に対する件名標目および（または）分類番号

注：
1. 言語を指示する統一タイトルへの付記事項は、その付記事項が、さまざまな言語の同一**著作**の多くの**表現形**の間を区別するのに必要な場合にのみ、基本的な要件とみなす。
2. 演奏手段、番号表示および調は、単に音楽形式（交響曲、協奏曲など）を示す非識別的なタイトルをもつ音楽作品に関してのみ、基本的な要件とみなす。

7.3.1 適用

上述のような基本要件の適用は、次の点を前提としている。
1. 基本レベルレコードのための要件として指定されたデータ要素は、レコードに記述された実体に適用可能なときにのみ含めるものとする（たとえば、もしレコードに記述された**体現形**に版表示が欠けているならば、版表示はレコード内に記録されない）。
2. 地図画像または地図オブジェクトに対する経緯度や、電子資料に対するシステム要件のような技術的なデータ要素は、基本レベルレコードのための要件として指定されていても、要求された情報が実体の調査から容易に決定できないならば省略してよい。
3. 全体と部分の関連（たとえば、**著作**とその**著作**が属するシリーズとの間の関連、または**著作**の従属部分とその親**著作**との間の関連）は、全国書誌作成機関がより大きな**著作**を分析することを選択する場合にのみ、基本レベルレコードのための要件となる。基本要件は、あらゆる**著作**を構成要素に分析しなければならない、ということを含意していない。
4. もし基本データ要素が、ある特定の実体を類似の特性をもつほかの一つの実体から差別化するのに不十分ならば、表6.1から表6.4までの「識別」欄で指示したような、実体に関連する付加的要素を必要に応じて付加するものとする。

また次の点も前提とされている。すなわち、基本レベルの機能と基本的なデータ要件は、全国書誌に含める書誌レコードに関する標準として適用することができるが、必ずしも絶対的な要件として適用しなくても良い。全国書誌作成機関は、全国書誌に「掲載する」のみのものとして扱う一定のカテゴリーの資料を含める選択をしても良いし、それらのカテゴリーの資料に対して、基本レベルレコードのために勧告された機能レベルとデータ要件と同じでない、最小の機能レベルと最小のデータ要件を設定しても良い。同じように、一定のカテゴリーの資料に対して基本要件より詳細なレベルの処理を施す選択をしても良い。

付録 A
ISBD、GARE および GSARE のデータ要素の論理的属性へのマッピング

注

　この付録は、「第4章　属性」に対応した構成となっている。付録の各節は、本モデルで定義した実体の一つ一つをカバーし、各節にはその実体と関連づけられた属性の完全なリストがある。論理的属性を確認するための用語（斜体太字部分）は、第4章で使用している用語と同一である。各論理的属性の見出し語のもとには、定義した属性の範囲内にある各種 ISBD、GARE および GSARE のデータ要素のリストがある。

　データ要素を示す用語は、各種 ISBD、GARE および GSARE で使用しているデータ要素名に対応している。しかしながら、論理的属性に含まれるデータ要素が、ISBD、GARE および GSARE のデータ要素より狭く規定されている場合は、論理的属性に対応するデータ要素内に記録されるデータのタイプをより明確に示すため、データ要素名に限定句を付してある。たとえば、論理的属性「著作の形式」のもとにある GARE のデータ要素「統一タイトルへの付記事項－その他の付記事項」に対しては、その内容が著作の形式を指示している場合にのみこの論理的属性に対応することを示すため、角がっこに入れた「著作の形式」という用語により限定してある。

　各論理的属性のもとの要素一覧には、各種 ISBD、GARE および GSARE が取り上げているデータ要素に加えて、UNIMARC フォーマットのコード化データ・フィールドも、当てはまる場合には含めている。ISBD、GARE および GSARE データのテキスト形式をもつ UNIMARC フィールドは記載せず、コード化された形式の同意義のデータをもつ補足的なフィールドのみ記載している。UNIMARC のフィールド名が付与されたデータ要素には、その後に丸がっこに入れて、フィールド番号、サブフィールド・インディケーターおよびサブフィールドにおける文字位置を記載している。たとえば、「一般管理データ－対象読者コード（UNIMARC 100 a/17-19）」は、「想定利用者」のデータのコード化された形式が、UNIMARC フォーマットのフィールド 100、サブフィールド a、文字位置 17-19 に記録されることを指示している。

1. 著作の属性

著作のタイトル
　　　統一タイトル標目－著作のタイトル（部編タイトルを含む）
　　　本タイトル（部編番号・部編名を含む）
著作の形式

　　　　統一タイトルへの付記事項－その他の付記事項［著作の形式］
　　　　　性質、範囲、文学上の形式［等］に関する注記－［著作の形式に関連する注記］
　　　コード化データ・フィールド：図書－内容形式コード［等］
　　　　（UNIMARC 105 a/4-7,8,9,11-12）
　　　コード化データ・フィールド：逐次刊行物－資料種別コード［等］
　　　　（UNIMARC 110 a/3,4-7）
　　　コード化データ・フィールド：地図資料－個別の地図資料の形式
　　　　（UNIMARC 124 b）
　　　コード化データ・フィールド：録音資料－文学テキストの指示子
　　　　（UNIMARC 125 b）
　　　コード化データ・フィールド：音楽演奏およびスコア－作曲形式
　　　　（UNIMARC 128 a）
　　　コード化データ・フィールド：古書－内容形式コード［等］
　　　　（UNIMARC 140 a/9-16,17-18,19）

著作の成立日付
　　　統一タイトルへの付記事項－［著作の］成立日付

その他の特性
　　　統一タイトルへの付記事項－その他の付記事項

想定終期
　　　［規定なし］

想定利用者
　　　利用・読者に関連する注記－［想定利用者に関連する注記］
　　　一般管理データ－対象読者コード（UNIMARC 100 a/17-19）

著作成立の背景
　　　性質、範囲、文学上の形式［等］に関する注記－［成立に関連する注記］

演奏手段（音楽作品）
　　　統一タイトルへの付記事項－演奏手段［楽譜向け］

番号表示（音楽作品）
　　　統一タイトルへの付記事項－番号表示［楽譜向け］

調（音楽作品）
　　　統一タイトルへの付記事項－調［楽譜向け］

経緯度（地図）
　　　数値データ表示－［経緯度］
　　　数値データエリアに関する注記－［経緯度に関連する注記］
　　　コード化データ・フィールド：地図資料－経緯度（UNIMARC 123 d-g,i-m）

分点（地図）
　　　数値データ表示－［分点］
　　　数値データエリアに関する注記－［分点に関連する注記］

コード化データ・フィールド：地図資料－分点（UNIMARC 123 n）

2. 表現形の属性

表現形のタイトル
　　［規定なし］
表現形の形式
　　性質、範囲、文学上の形式［等］に関する注記－［表現形の形式に関連する注記］
表現形の成立日付
　　統一タイトルへの付記事項－［表現形の］成立日付
　　出版、頒布等の日付－［著作権年、フォノグラム日付等］
　　出版、頒布等のエリアに関する注記－［録音日付等に関連する注記］
　　一般管理データ－出版日付［著作権年、フォノグラム日付等］
　　　　（UNIMARC 100 a/8-16）
表現形の言語
　　統一タイトルへの付記事項－言語
　　性質、範囲、文学上の形式［等］に関する注記－［言語に関する注記］
　　言語コード（UNIMARC 101 a,d-j）
その他の特性
　　統一タイトルへの付記事項－その他の付記事項［バージョン、編曲（楽譜向け）、等］
表現形の拡張性
　　［規定なし］
表現形の改訂性
　　［規定なし］
表現形の数量
　　ファイルの数量（電子資料）－［レコード、表示等の数量］
　　記述対象の数量－［演奏時間・接続時間］
　　…ファイルの数量に関連する注記－［レコード、表示等の数量に関する注記］
　　コード化データ・フィールド：画像資料［等］－長さ（UNIMARC 115 a/1-3）
　　コード化データ・フィールド：録音資料の時間（UNIMARC 127 a）
内容の要約
　　内容に関連する注記－［内容細目］
　　要約を提供する注記
表現形成立の背景
　　性質、範囲、文学上の形式［等］に関する注記－［表現形成立の背景に関連する注記］

表現形に与えられた論評
　　　性質、範囲、文学上の形式［等］に関する注記－［表現形に与えられた論評に関連する注記］
表現形の利用制限
　　　［製本および］入手に関連する注記－［利用制限に関連する注記］
順序付けの類型（逐次刊行物）
　　　［規定なし］
想定発行周期（逐次刊行物）
　　　刊行頻度表示－［定期性］
　　　コード化データ・フィールド：逐次刊行物－定期性（UNIMARC 110 a/2）
想定発行頻度（逐次刊行物）
　　　刊行頻度表示－［頻度］
　　　コード化データ・フィールド：逐次刊行物－頻度（UNIMARC 110 a/1）
楽譜の種類（楽譜）
　　　楽譜特定表示－［楽譜の種類］
　　　並列楽譜特定表示－［楽譜の種類］
　　　楽譜特定表示に関する注記－［楽譜の種類に関連する注記］
　　　コード化データ・フィールド：録音資料および楽譜－楽譜の種類
　　　　（UNIMARC 125 a/0）
演奏手段（楽譜または録音）
　　　演奏の形式または手段に関する注記－［演奏手段に関連する注記（楽譜向け）］
　　　コード化データ・フィールド：音楽演奏およびスコア－楽器または歌唱
　　　　（UNIMARC 128 b-c）
縮尺（地図画像・オブジェクト）
　　　数値データ表示－［縮尺］
　　　数値データエリアに関する注記－［縮尺に関連する注記］
　　　コード化データ・フィールド：地図資料－縮尺［等］の形式（UNIMARC 123 a-c,h）
投影法（地図画像・オブジェクト）
　　　数値データ表示－［投影法］
　　　数値データエリアに関する注記－［投影法に関連する注記］
　　　コード化データ・フィールド：地図資料－地図投影法（UNIMARC 120a/7-8）
表示技術（地図画像・オブジェクト）
　　　数値データエリアに関する注記－［表示技術に関連する注記］
　　　コード化データ・フィールド：地図資料－物理的大きさ［等］
　　　　（UNIMARC 121 a/0,1-2）
　　　コード化データ・フィールド：地図資料－画像の特性［等］（UNIMARC 124 a,c）
起伏表現（地図画像・オブジェクト）
　　　内容および主題項目に関連する注記－起伏描写を記述する注記

付録 A

　　　コード化データ・フィールド：地図資料－起伏コード（UNIMARC 120 a/3-6）
測地・グリッド・バーチカル測定値（地図画像・オブジェクト）
　　　数値データエリアに関する注記－［測地・グリッド・バーチカル測定値に関連する注記］
　　　コード化データ・フィールド：地図資料－測地法的調整（UNIMARC 121 a/7）
　　　コード化データ・フィールド：地図資料－スフェロイド（回転楕円体）［等］
　　　　（UNIMARC 131 a-l）
記録技法（リモート・センシング画像）
　　　数値データエリアに関する注記－［記録技法に関連する注記］
　　　コード化データ・フィールド：地図資料－記録方法（UNIMARC 124 g）
特性（リモート・センシング画像）
　　　数値データエリアに関する注記－［リモート・センシング・イメージの特性に関連する注記］
　　　コード化データ・フィールド：地図資料－センサーの標高（UNIMARC 121 b/0-7）
　　　コード化データ・フィールド：地図資料－プラットフォームの位置［等］
　　　　（UNIMARC 124 d-f）
技法（静止画像または投影画像）
　　　形態的記述エリア－［技法に関連する注記］
　　　コード化データ・フィールド：投影画像［等］－技法（UNIMARC 115 a/9）

3. 体現形の属性

体現形のタイトル
　　　本タイトル（部編番号・部編名を含む）
　　　並列タイトル
　　　タイトルと責任表示エリアに関する注記－別の形のおよび翻字したタイトルを提示する注記
　　　キータイトル（逐次刊行物）
責任表示
　　　最初の責任表示
　　　2番目以降の責任表示
　　　タイトルと責任表示エリアに関する注記－責任表示に関する注記
版・刷表示
　　　版表示
　　　並列版表示
　　　版に関連する最初の責任表示
　　　版に関連する2番目以降の責任表示
　　　付加的版表示

付加的版表示に続く最初の責任表示

付加的版表示に続く2番目以降の責任表示

版エリアに関する注記－［版・刷表示に関連する注記］

出版地・頒布地

最初の出版および（または）頒布地

2番目以降の出版および（または）頒布地

出版・頒布等のエリアに関する注記－［出版地・頒布地に関連する注記］

出版または製造の国のコード（UNIMARC 102 a-b）

出版者・頒布者

出版者および（または）頒布者の名称

出版者・頒布者等の役割表示

出版・頒布等のエリアに関する注記－［出版者・頒布者に関連する注記］

出版日付・頒布日付

出版および（または）頒布等の日付

出版・頒布等のエリアに関する注記－［出版日付・頒布日付に関連する注記］

一般管理データ－出版日付（UNIMARC 100 a/8-16）

製作者

製作の場所

製作者の名称

製作の日付

出版・頒布等のエリアに関する注記－［製作者に関連する注記］

シリーズ表示

シリーズの本タイトル

シリーズの並列タイトル

シリーズに関連する責任表示

シリーズの国際標準逐次刊行物番号

シリーズ内順序表示

サブシリーズの番号づけおよび（または）タイトル

サブシリーズの並列タイトル

サブシリーズに関連する責任表示

サブシリーズの国際標準逐次刊行物番号

サブシリーズ内順序表示

キャリアの形態

特定資料表示

付属資料－［付属資料のキャリアの形態］

形態的記述エリアに関する注記－［キャリアの形態に関連する注記］

コード化データ・フィールド：画像資料［等］－公開の形態［等］
　（UNIMARC 115 a/6,8,11-14,15）

コード化データ・フィールド：グラフィック－特定資料表示（UNIMARC 116 a/0）
コード化データ・フィールド：地図資料－個別の地図資料の形態
　　（UNIMARC 124 b）
コード化データ・フィールド：録音資料－公開の形態［等］
　　（UNIMARC 126 a/0 ; b/0）
コード化データ・フィールド：マイクロ資料－特定資料表示（UNIMARC 130 a/0）

キャリアの数量
個別資料の数量
形態的記述エリアに関する注記－［キャリアの数量に関連する注記］

物理的媒体
その他の物理的事項－［物理的媒体］
形態的記述エリアに関する注記－［物理的媒体に関連する注記］
コード化データ・フィールド：テキスト資料－物理的媒体指示子（UNIMARC 106 a）
コード化データ・フィールド：画像資料［等］－乳化剤による素材［等］
　　（UNIMARC 115 a/17,18 ; b/4,6）
コード化データ・フィールド：グラフィック－主要な材質［等］
　　（UNIMARC 116 a/1,2）
コード化データ・フィールド：地図資料－物理的媒体指示子（UNIMARC 121 a/3-4）
コード化データ・フィールド：録音資料－資料種別（UNIMARC 126 b/1）
コード化データ・フィールド：マイクロ資料－フィルム上の乳化剤［等］
　　（UNIMARC 130 a/8,10）
コード化データのフィールド：古書－素材（UNIMARC 140 a/20,21）

キャプチャー・モード
その他の物理的事項－［キャプチャー・モード］
形態的記述エリアに関する注記－［キャプチャー・モードに関連する注記］
コード化データ・フィールド：録音資料－録音技術（UNIMARC 126 a/13）

キャリアの大きさ
個別資料の大きさ
形態的記述エリアに関する注記－［キャリアの大きさに関連する注記］
コード化データ・フィールド：画像資料［等］－幅または大きさ
　　（UNIMARC 115 a/7）
コード化データ・フィールド：録音資料－大きさ［等］（UNIMARC 126 a/4,5）
コード化データ・フィールド：マイクロ資料－大きさ（UNIMARC 130 a/2）

体現形識別子
標準番号（または代替番号）

取得・アクセス認証ソース
入手条件および（または）定価－［取得・アクセス認証ソース］

入手条件

　　　　製本および入手に関連する注記－［入手条件に関連する注記］
　　　　入手条件および（または）定価－［入手条件］

体現形のアクセス制限
　　　　［製本および］入手に関連する注記－［アクセス制限に関連する注記］

書体（印刷図書）
　　　　形態的記述エリアに関する注記－［書体に関連する注記］

活字のサイズ（印刷図書）
　　　　形態的記述エリアに関する注記－［活字の大きさに関連する注記］

丁付け（書写本）
　　　　形態的記述エリアに関する注記－［丁付けに関連する注記］

対照事項（書写本）
　　　　形態的記述エリアに関する注記－［対照事項に関連する注記］

刊行状況（逐次刊行物）
　　　　順序表示エリアに関連する注記－［中止に関連する注記］
　　　　一般管理データ－出版日付（UNIMARC 100 a/8）

順序表示（逐次刊行物）
　　　　順序表示エリア（逐次刊行物）
　　　　順序表示エリアに関連する注記

再生速度（録音資料）
　　　　その他の形態的細目－［再生速度］
　　　　形態的記述エリアに関する注記－［再生速度に関連する注記］
　　　　コード化データ・フィールド：録音資料－速度（UNIMARC 126 a/1）

音溝幅（録音資料）
　　　　その他の形態的細目－［音溝幅］
　　　　形態的記述エリアに関する注記－［音溝幅に関連する注記］
　　　　コード化データ・フィールド：録音資料－音溝幅（UNIMARC 126 a/3）

カッティングの種別（録音資料）
　　　　その他の形態的細目－［カッティングの種別］
　　　　形態的記述エリアに関する注記－［カッティングの種別に関連する注記］
　　　　コード化データ・フィールド：録音資料－カッティングの種別
　　　　　（UNIMARC 126 b/2）

テープの形状（録音資料）
　　　　その他の形態的細目－［テープの形状］
　　　　形態的記述エリアに関する注記－［テープの形状に関連する注記］
　　　　コード化データ・フィールド：録音資料－テープの形状（UNIMARC 126 a/6）

音響種別（録音資料）
　　　　その他の形態的細目－［音響種別］
　　　　形態的記述エリアに関する注記－［音響種別に関連する注記］

コード化データ・フィールド：録音資料－音響種別（UNIMARC 126 a/2）

特殊な再生特性（録音資料）

 その他の形態的細目－［特殊な再生特性］

 形態的記述エリアに関する注記－［特殊な再生特性に関連する注記］

 コード化データ・フィールド：録音資料－特殊な再生特性（UNIMARC 126 a/14）

色彩（画像）

 その他の形態的細目－［色彩］

 形態的記述エリアに関する注記－［色彩に関連する注記］

 コード化データ・フィールド：画像資料［等］－カラー・インディケーター
  （UNIMARC 115 a/4）

 コード化データ・フィールド：グラフィック－色彩（UNIMARC 116 a/3）

 コード化データ・フィールド：地図資料（UNIMARC 120 a/0）

 コード化されたデータのフィールド：マイクロ資料－色彩（UNIMARC 130 a/7）

縮率（マイクロ資料）

 その他の形態的細目－［縮率］

 形態的記述エリアに関する注記－［縮率に関連する注記］

 コード化データ・フィールド：マイクロ資料－縮率（UNIMARC 130 a/3,4-6）

極性（マイクロ資料または画像投影資料）

 その他の形態的細目－［極性］

 コード化データ・フィールド：マイクロ資料－極性（UNIMARC 130 a/1）

世代（マイクロ資料または画像投影資料）

 形態的記述エリアに関する注記－［世代に関連する注記］

 コード化データ・フィールド：マイクロ資料－世代（UNIMARC 130 a/9）

映写方式（画像投影資料）

 その他の形態的細目－［映写方式］

 形態的記述エリアに関する注記－［映写方式に関連する注記］

 コード化データ・フィールド：画像資料［等］－映写方式［等］
  （UNIMARC 115 a/10,16,19）

システム要件（電子資料）

 システム要件に関する注記

ファイルの特性（電子資料）

 ... その他のファイルの特性に関連する注記

アクセス方法（リモート・アクセス電子資料）

 アクセス方法に関連する注記－［アクセス方法］

アクセス・アドレス（リモート・アクセス電子資料）

 アクセス方法に関連する注記－［アクセス・アドレス］

4. 個別資料の属性

個別資料識別子
　　　［規定なし］
フィンガープリント
　　　標準番号（または代替の番号）－［フィンガープリント］
個別資料の出所
　　　手許の資料に関連する注記－［出所に関する注記］
銘・献辞
　　　手許の資料に関連する注記－［銘・献辞に関する注記］
展示歴
　　　［規定なし］
個別資料の状態
　　　コード化データ・フィールド：古書－保存状態コード（UNIMARC 141 a/5,6-7）
処理歴
　　　［規定なし］
処理計画
　　　［規定なし］
個別資料のアクセス制限
　　　［規定なし］

5. 個人の属性

個人名
　　　個人標目－名前のサブ・エレメント
個人の日付（生没年等）
　　　名前への付記事項－生没の日付（年）等
個人の称号
　　　名前への付記事項－貴族の称号、尊称、敬称等
個人に関するその他の付記事項
　　　名前への付記事項－その他の付記事項

6. 団体の属性

団体名
　　　団体名標目－名前のサブ・エレメント
団体に関連する番号
　　　限定語句－［会議等の］回次

付録 A

  団体に関連する場所
    限定語句－地名［会議開催地等］
 団体に関連する日付
    限定語句－日付［会議等の］
 団体に関連するその他の付記事項
    限定語句－団体の種別［等］

7. 概念の属性

 概念のための用語
    普通件名標目－件名［概念］
    分類番号

8. 物の属性

 物のための用語
    普通件名標目－件名［物］
    分類番号

9. 出来事の属性

 出来事のための用語
    普通件名標目－件名［出来事］
    分類番号

10. 場所の属性

 場所のための用語
    地理的件名標目－件名［場所］
    分類番号

索 引

この索引には、本研究で特に定義している用語のみを収録している。用語に続くページ番号は、用語を定義しているページを示している。

ア行

アクセス・アドレス（リモート・アクセス電子資料）　access address (remote access electronic resource) *52*

アクセス制限　access restrictions
―― （個別資料の）　on the *item* *54*
―― （体現形の）　on the *manifestation* *49*

アクセス方法（リモート・アクセス電子資料）　mode of access (remote access electronic resource) *52*

映写方式（画像投影資料）　presentation format (visual projection) *52*

演奏手段（音楽作品）　medium of performance (musical *work*) *40*

演奏手段（楽譜または録音）　medium of performance (musical notation or recorded sounds) *44*

音響種別（録音資料）　kind of sound (sound recording) *51*

音溝幅（録音資料）　groove width (sound recording) *50*

カ行

改作の関連　adaptation relationship
―― （著作と著作の）　*work*-to-*work* *69*
―― （表現形と著作の）　*expression*-to-*work* *74*
―― （表現形と表現形の）　*expression*-to-*expression* *74*

改訂の関連　revision relationship *72*

概念　*concept* *31*

概念のための用語　term for the *concept* *57*

楽譜の種類（楽譜）　type of score (musical notation) *43*

活字のサイズ（印刷図書）　type size (printed book) *50*

カッティングの種別（録音資料）　kind of cutting (sound recording) *51*

刊行状況（逐次刊行物）　publication status (serial) *50*

関連　relationship *17*

起伏表現（地図画像・オブジェクト）　representation of relief (cartographic image/object) *44*

技法（静止画像または投影画像）　technique (graphic or projected image) *45*

基本的なデータ要件　basic data requirements *91*

基本レベルの機能　basic level of functionality *90*

基本レベルの全国書誌レコード　basic level national bibliographic record *101*

索　引

キャプチャー・モード　capture mode　*48*
キャリアの大きさ　dimensions of the carrier　*49*
キャリアの形態　form of carrier　*48*
キャリアの数量　extent of the carrier　*48*
極性（マイクロ資料または画像投影資料）　polarity (microform or visual projection)　*51*
記録技法（リモート・センシング画像）　recording technique (remote sensing image)　*44*
経緯度（地図）　coordinates (cartographic *work*)　*40*
後継の関連　successor relationship
―（著作と著作の）　*work*-to-*work*　*68*
―（表現形と著作の）　*expression*-to-*work*　*74*
―（表現形と表現形の）　*expression*-to-*expression*　*73*
構成的実体　component entity　*34*
個人　person　*30*
個人との関連　relationships to *persons*　*62*
個人の称号　title of *person*　*55*
個人の日付　dates of *person*　*55*
個人名　name of *person*　*54*
個別資料　*item*　*29*
個別資料識別子　*item* identifier　*53*
個別資料と個別資料の関連　*item*-to-*item* relationships　*78*
個別資料の出所　provenance of the *item*　*53*
個別資料の状態　condition of the *item*　*54*

サ行

再構成の関連　reconfiguration-relationship　*79*
再生速度（録音資料）　playing speed (sound recording)　*50*
参照的著作　referential *work*　*66*
色彩（画像）　colour (image)　*51*
識別する　identify　*81*
システム要件（電子資料）　system requirements (electronic resource)　*52*
実体　entity　*17*
実体分析　entity analysis　*16*
集合的実体　aggregate entity　*34*
従属部分　dependent parts
―（著作の）　of *works*　*70*
縮尺（地図画像・オブジェクト）　scale (cartographic image/object)　*44*
縮約の関連　abridgement relationship　*72*
縮率（マイクロ資料）　reduction ratio (microform)　*51*

主題の関連　subject relationships　*64*

出版者・頒布者　publisher/distributor　*47*

出版地・頒布地　place of publication/distribution　*47*

出版日付・頒布日付　date of publication/distribution　*47*

取得・アクセス認証ソース　source for acquisition/access authorization　*49*

順序付けの類型（逐次刊行物）　sequencing pattern (serial)　*43*

順序表示（逐次刊行物）　numbering (serial)　*50*

書誌レコード　bibliographic record　*15*

書体（印刷図書）　typeface (printed book)　*50*

処理計画　scheduled treatment　*54*

処理歴　treatment history　*54*

シリーズ表示　series statement　*48*

自立的著作　autonomous *work*　*66*

製作者　fabricator/manufacturer　*48*

責任表示　statement of responsibility　*46*

世代（マイクロ資料または画像投影資料）　generation (microform or visual projection)　*52*

全体と部分の関連　whole/part relationships

――（個別資料レベルにおける）　at the *item* level　*79*

――（体現形レベルにおける）　at the *manifestation* level　*77*

――（著作レベルにおける）　at the *work* level　*70*

――（表現形レベルにおける）　at the *expression* level　*74*

選択する　select　*81*

想定終期　intended termination　*39*

想定発行周期（逐次刊行物）　expected regularity of issue (serial)　*43*

想定発行頻度（逐次刊行物）　expected frequency of issue (serial)　*43*

想定利用者　intended audience　*39*

属性　attribute

――（概念の）　of a *concept*　*56*

――（個人の）　of a *person*　*54*

――（個別資料の）　of an *item*　*52*

――（体現形の）　of a *manifestation*　*45*

――（団体の）　of a *corporate body*　*55*

――（著作の）　of a *work*　*38*

――（出来事の）　of an *event*　*57*

――（場所の）　of a *place*　*58*

――（表現形の）　of an *expression*　*40*

――（物の）　of an *object*　*57*

測地・グリッド・バーチカル測定値（地図画像・オブジェクト）　geodetic, grid, and vertical

measurement (cartographic image/object)　*44*

タ行

体現形　*manifestation*　*27*

体現形識別子　*manifestation* identifier　*49*

体現形と個別資料の関連　*manifestation*-to-*item* relationships　*78*

体現形と体現形の関連　*manifestation*-to-*manifestation* relationships　*75*

体現形のタイトル　title of the *manifestation*　*46*

対照事項（書写本）　collation (hand-printed book)　*50*

代替の関連　alternate relationship　*76*

団体　*corporate body*　*31*

団体との関連　relationships to *corporate bodies*　*62*

団体に関連する場所　place associated with the *corporate body*　*56*

団体に関連する番号　number associated with the *corporate body*　*56*

団体に関連する日付　date associated with the *corporate body*　*56*

団体名　name of the *corporate body*　*55*

調（音楽作品）　key (musical *work*)　*40*

丁付け（書写本）　foliation (hand-printed book)　*50*

著作　*work*　*23*

著作と著作の関連　*work*-to-*work* relationships　*66*

著作と表現形の関連　relationship between *work* and *expression*　*61*

著作の形式　form of *work*　*39*

著作の成立日付　date of the *work*　*39*

著作のタイトル　title of the *work*　*39*

追補の関連　complement relationship

　――（著作と著作の）　*work*-to-*work*　*68*

　――（表現形と表現形の）　*expression*-to-*expression*　*73*

　――（表現形と著作の）　*expression*-to-*work*　*74*

テープの形状（録音資料）　tape configuration (sound recording)　*51*

出来事　*event*　33

出来事のための用語　term for the *event*　*57*

展示歴　exhibition history　*54*

投影法（地図画像・オブジェクト）　projection (cartographic image/object)　*44*

特殊な再生特性（録音資料）　special reproduction characteristic (sound recording)　*51*

特性　distinguishing characteristic

　――（著作の）　of the *work*　*39*

　――（表現形の）　of the *expression*　*42*

特性（リモート・センシング画像）　special characteristic (remote sensing image)　*45*

独立部分　independent parts
——（著作の）　of *works*　*70*

ナ行

内容の要約　summarization of content　*42*

入手条件　terms of availability　*49*

入手する　obtain　*81*

ハ行

背景　context
——（著作成立の）　for the *work*　*40*
——（表現形成立の）　for the *expression*　*43*

場所　*place*　*33*

場所のための用語　term for the *place*　*58*

発見する　find　*81*

番号表示（音楽作品）　numeric designation (musical *work*)　*40*

版・刷表示　edition/issue designation　*47*

表現形　*expression*　*25*

表現形と体現形の関連　relationship between *expression* and *manifestation*　*61*

表現形と著作の関連　*expression*-to-*work* relationships　*74*

表現形と表現形の関連　*expression*-to-*expression* relationships　*71*

表現形に与えられた論評　critical response to the *expression*　*43*

表現形の改訂性　revisability of *expression*　*42*

表現形の拡張性　extensibility of *expression*　*42*

表現形の形式　form of *expression*　*41*

表現形の言語　language of *expression*　*42*

表現形の数量　extent of the *expression*　*42*

表現形の成立日付　date of *expression*　*42*

表現形のタイトル　title of the *expression*　*41*

表現形の利用制限　use restrictions on the *expression*　*43*

表示技術（地図画像・オブジェクト）　presentation technique (cartographic image/object)　*44*

ファイルの特性（電子資料）　file characteristics (electronic resource)　*52*

フィンガープリント　fingerprint　*53*

付記事項　designation
——（個人に関連する）　associated with a *person*　*55*
——（団体に関連する）　associated with a *corporate body*　*56*

複製の関連　reproduction relationship
——（個別資料と個別資料の）　*item*-to-*item*　*79*

　　　　　　　　　　　　　　　　　　　　　　　　　索　引

——（体現形と個別資料の）　*manifestation-to-item*　*78*
——（体現形と体現形の）　*manifestation-to-manifestation*　*76*
物理的媒体　physical medium　*48*
分点（地図）　equinox (cartographic *work*)　*40*
編曲の関連　arrangement relationship (music)　*72*
変形の関連　transformation relationship
——（著作と著作の）　*work-to-work*　*69*
——（表現形と著作の）　*expression-to-work*　*74*
——（表現形と表現形の）　*expression-to-expression*　*74*
補遺の関連　supplement relationship
——（著作と著作の）　*work-to-work*　*69*
——（表現形と著作の）　*expression-to-work*　*74*
——（表現形と表現形の）　*expression-to-expression*　*73*
翻訳の関連　translation relationship　*71*

マ行

銘・献辞　marks/inscriptions　*53*
模造の関連　imitation relationship
——（著作と著作の）　*work-to-work*　*69*
——（表現形と著作の）　*expression-to-work*　*74*
——（表現形と表現形の）　*expression-to-expression*　*74*
物　*object*　*32*
物のための用語　term for the *object*　*57*

ヤ行

要約の関連　summarization relationship
——（著作と著作の）　*work-to-work*　*69*
——（表現形と著作の）　*expression-to-work*　*74*
——（表現形と表現形の）　*expression-to-expression*　*74*

●訳者紹介

和中　幹雄（わなか　みきお）　国立国会図書館
古川　　肇（ふるかわ　はじめ）　近畿大学
永田　治樹（ながた　はるき）　筑波大学図書館情報学系

書誌レコードの機能要件　IFLA書誌レコード機能要件研究グループ最終報告

2004年3月20日　初版第1刷発行Ⓒ

定価　本体1800円（税別）

訳者　和中幹雄・古川肇・永田治樹
発行　㈳日本図書館協会
　　　〒104-0033　東京都中央区新川1-11-14　Tel 03-3523-0811㈹
印刷　㈱ワープ

JLA200343　　　　　　　　　　　　　　　　　　　　　　Printed in Japan

ISBN4-8204-0330-3

本文用紙は中性紙を使用しています。